図解＆事例で学ぶ

ビジネスモデルの教科書

専修大学経営学部教授
池本正純 監修
カデナクリエイト 著

マイナビ

はじめに～新しいビジネスモデルの提案が最も求められる時代

最近、ビジネスパーソンの方々からこんな悩みをよく聞くようになりました。「『新しいビジネスモデルを考えろ』と会社から言われたのですが……。良いアイデアが浮かばず、困っています」

私たちカデナクリエイトは、企業の経営戦略から個々のスキルアップまで、ビジネスに関する多様なテーマの書籍や雑誌記事、ネット記事の制作を手がけています。その取材のなかで、冒頭のようなセリフを聞くようになったのです。

その範囲は、新規事業の担当者だけでなく、他の部署の社員や新入社員にも及んでいました。また、新たなビジネスモデルの構築を狙った社内プロジェクトに関する記事の執筆・制作を依頼されることも、明らかに増えました。

近年は、**オンリーワンになれるビジネスモデルがなければ、企業が生き残るのは難しい時代**になりつつあります。多くのビジネスパーソンが、新たなモデルの提案を求められるのは、そんな背景があるからでしょう。

しかし、新たなビジネスモデルを考案・構築するのは難しいことです。斬新な発想などなかなか出るものではありませんし、仮に面白いアイデアを思いついても、利益を生む流れや業務プロセスなど、現実的なビジネスの仕組みに落としこむという難問が控えています。

そもそも、ビジネスモデルとは何であり、具体的にどんなモデルがあるのか……。考えてみると、疑問だらけです。

そこで「誰でもビジネスモデルがわかる教科書のような本をつくれないか？」と考え、**ビジネスモデルの提案・構築に悩むビジネスマンのために本書の執筆に至った**次第です。

本書では、ビジネスモデルの定義から、知っておくべき代表的なモデルパターン、企業事例、新たなモデルを生み出すヒントまで、コンパクトにまとめました。また、理解しやすいように、図解を豊富に盛り込みました。

そして、内容の正確性を期すために、専修大学経営学部や中央大学総合政策学部などで企業家論やベンチャー経営論などの科目を担当し、専修大学においてキャリアデザインセンターを立ち上げ、「ベンチャービジネスコンテスト」の運営にも携わる、池本正純教授に監修をしていただきました。

新しいビジネスモデルの提案を求められているビジネスパーソンから、新事業の展開を目論む経営者や起業家予備軍、ビジネスモデルを学んでいる学生まで、あらゆる人の「ビジネスモデルの教科書」として、本書が常に手元に置いてもらえる存在になれれば幸いです。そして、元気な会社が増えることにつながれば、これ以上の喜びはありません。

最後に、本書の監修をご快諾いただいた池本正純教授、池本先生をご紹介いただいた専修大学経済学部の田中隆之教授、今回のお話をご相談させていただいたマイナビ編集部の陶山佳秀さん、筆が進まぬ私たちを叱咤激励しながら、的確な方向に導いてくださったマイナビ編集部の田島孝二さんに厚く御礼申し上げます。

２０１４年2月

カデナクリエイト

竹内三保子、箱田高樹、杉山直隆

※本書に掲載された料金・価格等は２０１４年2月現在のものです。

CONTENTS

目次

図解&事例で学ぶ

ビジネスモデルの教科書

第2章 必修！ 12ビジネスモデル・パターンを理解しよう

第3章 17ケーススタディで話題の企業のビジネスモデルを分析

第4章 新たなビジネスモデルを構築するには

PROLOGUE

序章

なぜ新しい
ビジネスモデルが
必要なのか

PROLOGUE

01

ビジネスモデルとは何か

POINT ビジネスモデルには「顧客に提供できる価値」「儲かる仕組み」「経営資源」「業務プロセス」の4つが必要

▼4つの要素からなるビジネスの設計図＝ビジネスモデル

この章では、新たなビジネスモデルが必要になってきた要因について述べますが、まずは「ビジネスモデル」について定義づけておきます。ビジネスモデルの定義は諸説ありますが、**本書ではビジネスモデル研究の第一人者、マーク・ジョンソンの考え方をベースに「4つの要素からなる、顧客価値と利益を継続的に生み出すビジネスの設計図」と考えます**。以下がその4要素です。

ビジネスモデルとは、4つの要素からなるビジネスの設計図

顧客に提供できる価値

商品やサービスなど、客の困りごとを解決する「解決策」

儲かる仕組み

収入を得る流れやコスト構造など、利益を得る仕組み

経営資源

商品やサービスの提供に必要な「ヒト・モノ・カネ・情報」。従業員、原材料、店舗、工場、ノウハウなど

業務プロセス

商品やサービスなどを繰り返し安定的に提供するための、業務の仕組み。組織体制、店舗オペレーション、人事制度など

複雑そうに見られがちなビジネスモデルだが、要素をまとめると、上記の4つに分類できる。成功しているビジネスを見るときには、この4つの要素を見ると、その仕組みが理解しやすい。

●顧客に提供できる価値

商品やサービスなど、客の困りごとに応える**「解決策」**のこと。

たとえば、「衣服の汚れを落とすのが大変」という客の困りごとを発見したとしましょう。それを解決するためには、さまざまな策が考えられます。「高性能な洗濯機や洗剤などの商品を開発する」「それらの商品を仕入れて売る」「クリーニング技術を開発する」「高い洗浄技術を持ったクリーニング店を開く」「優良クリーニング店の情報をネットで配信する」などが考えられます。

●儲かる仕組み

素晴らしい商品やサービスによって客の困りごとを解決できたとしても、それだけではビジネスとして成り立ちません。「儲かる仕組み」を構築することが必要です。コストを抑え、利益を最大にするには、どのような方法で商品やサービスを販売し、どのような方法で製造するか。このような、利益を得るための構造が**「儲かる仕組み」**です。

●経営資源

商品を製造したり、サービスを提供したりするために必要な、いわゆる**「ヒト・モノ・カネ・情報」**のことです。自動車メーカーなら、技術者や営業スタッフ、工場の生産ライン、原材料、製造やデザインのノウハウなどが挙げられます。先に挙げたクリーニング業で言うなら、「腕の立つ技術者」「優れた洗剤」「店舗」などが、それにあたるでしょう。

●業務プロセス

ビジネスとして成り立つためには、商品やサービスなどを繰り返し安定的に提供しなければなりません。そのための重要な要素が「業務プロセス」です。

一言でいえば、**「経営資源を使う（動かす）手立て」**のこと。たとえば、業務を効率良く確実に遂行するために、商品開発や設計、営業などの組織分けをし、各地に支社を置いて、人材を配置し、役割を分担すること。また人材育成のための研修や、成果主義などの人事制度は、いずれも業務プロセスです。これをクリーニング業に当てはめると「技術者のモチベーションアップのための評価制度」や「合理的な店舗のオペレーション」などでしょうか。

この４つの要素の関係性を示したのが、次ページ図です。

「顧客に提供できる価値」を継続的に生み出すために、企業は社内外の「経営資源」を活用し、「業務プロセス」を上手に組み立てて、価値を生み出す仕組みをつくり上げることが必要です。もちろん、ビジネスとして成立させるには、その仕組みが「儲かる仕組み」でなければなりません。

この一連の仕組みこそが、ビジネスモデルというわけです。

ビジネスモデルの4要素の関係性とは？

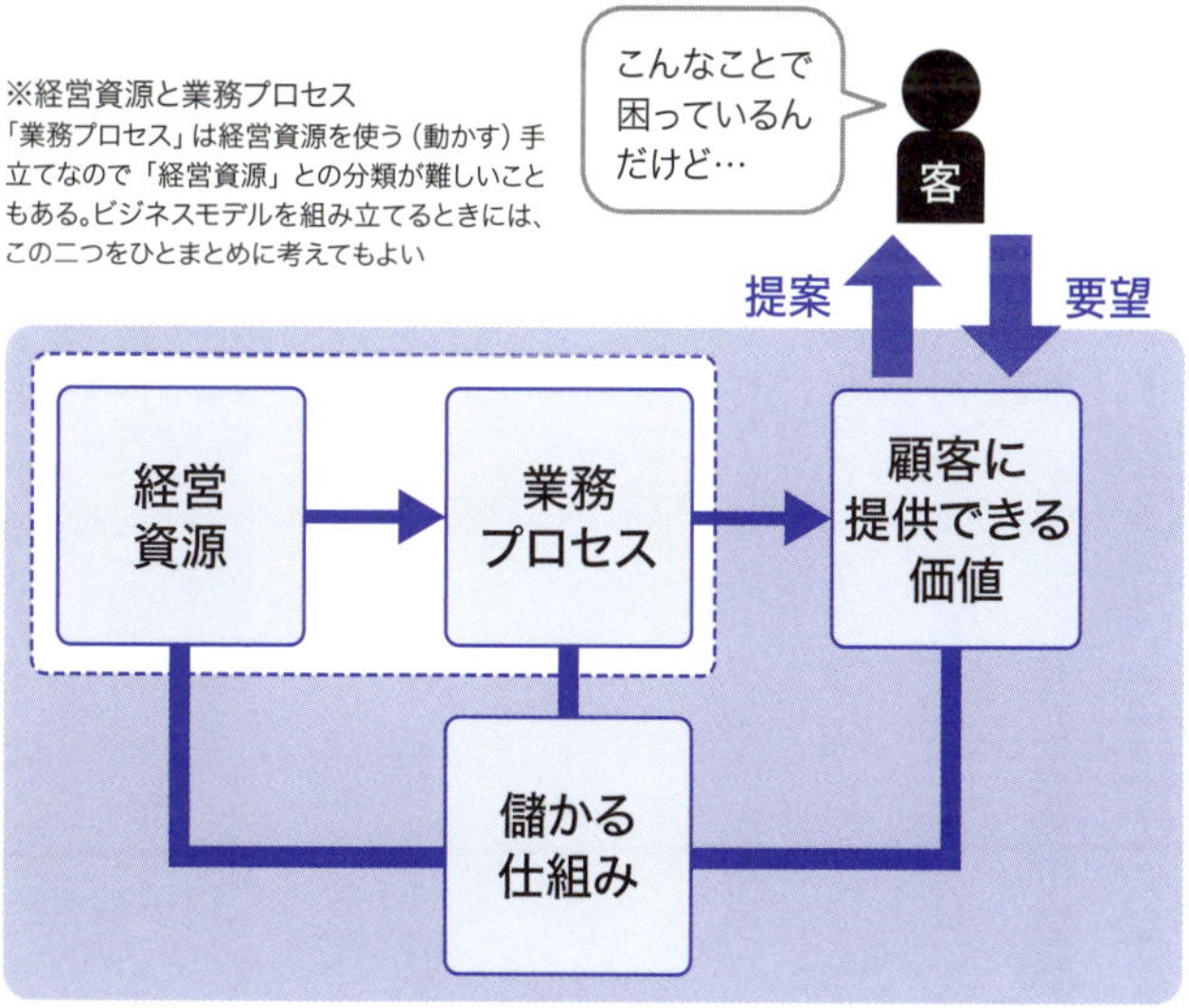

※経営資源と業務プロセス
「業務プロセス」は経営資源を使う（動かす）手立てなので「経営資源」との分類が難しいこともある。ビジネスモデルを組み立てるときには、この二つをひとまとめに考えてもよい

この一連の仕組みがビジネスモデル！

「顧客に提供できる価値」を継続的に生み出すために、企業は社内外の「経営資源」を活用し、「業務プロセス」を組み立て、価値を生む仕組みをつくり上げる必要がある。ビジネスとして成立させるには、その仕組みが「儲かる仕組み」でなければならない。

02

ビジネスモデルの老朽化が加速している

POINT
ITの進歩&グローバル化でビジネスモデルの衰退するスピードが加速。次々と新たなビジネスモデルを生み出す必要が出てきた

▼スピード！ スピード！ スピード！

それではなぜいま新しいビジネスモデルの構築や、既存のビジネスモデルの再構築をする必要性が高まっているのでしょうか。それは、企業を取り巻く環境の変化が速くなり、既存のビジネスモデルの老朽化が加速しているからです。

この**環境の変化のスピードを加速させた最大の原因は「ITの進歩」**です。

インターネットを一般の人が使いはじめたのはおよそ20年前。以後、情報の流通は加速度的に速く、安くなりました。現在では、大容量のデータのやりとりも可能になりましたし、無料で海外とも情報をやりとりできます。

▼グローバル化！ グローバル化！ グローバル化！

こうしたＩＴの発達によって、一挙に進んだのが「グローバル化」です。国境の壁は限りなく低くなり、人・モノ・カネの移動が活発になりました。今や生産拠点だけではなく、経理、人事、オペレーションセンター、設計、開発といった本社機能の一部も、コストの安い国に移せるようになりました。

さらに情報流通の活発化で、途上国や中進国のキャッチアップもスピードを増しました。製造現場のデジタル化も、スピードアップに拍車をかけています。

それまでは、「すり合わせの技術」等、言葉で伝えられない「暗黙知」に品質の高さのポイントがありました。しかし、デジタル化によって、多くの工程が標準化、形式知化されたため、簡単にキャッチアップできるようになったわけです。

簡単にキャッチアップできるということは、新たなビジネスモデルもすぐにマネされ、老朽化・陳腐化することを意味しています。**ＩＴが発達し、グローバル化が進むほど、老朽化のスピードは速まり**、自社の優位性はすぐに失われてしまうようになりました。

グローバル化の進展にともなって、どの国もグローバル化を阻む自国の規制を緩和する傾向にあります。外国企業の日本への進出も容易になり、不動産、金融、医療など日本のドメスティックな産業も、外国企業との競争に巻き込まれつつあります。外国企業が新たなビジネスモデルで勝負を挑んでくるなかで、従来の古いビジネスモデルのままで生き残れるのか——？　**どの企業も、ビジネスモデルを総点検する必要性に迫られるようになった**わけです。

ビジネスモデルの老朽化が加速！

ITの進歩

パソコンやネットの登場で、情報の流通の量もスピードも速くなった

&

グローバル化

世界中どこでも瞬時に情報が手に入るように。どこでも仕事ができるようになった

↓

競争が激化

外国企業の進出が容易に。

競争がゆるかった業界でも、競争に巻き込まれるように。古いビジネスモデルのままでは淘汰される時代に

ITの進歩&グローバル化でビジネスモデルのライフサイクルの衰退速度が加速。次々に新しいモデルが必要になった！

数字で見る日本企業の危機感

POINT 企業が活躍できる平均年数が30年から、6年半弱にまで縮んだ!

▼いまや企業は6年半弱しか繁栄しない

ビジネスモデルの老朽化のスピードが速まったことで、**一つの企業が繁栄する期間はぐんと減りました**。データにもそれがはっきりと現れています。

たとえば１９８３年の『日経ビジネス』誌の計算では、総資産等から割り出した１００社ランキング内に企業がとどまり続ける年数は平均30年でした。ところが２００９年に調査すると、ランキング内にとどまっている期間はたったの６・４年に縮まっていました。２００９年のランキングには、株式の時価総額等が用いられたので、算出方法は若干違いますが、**企業が活躍する期間が短くなっていることは間違いない**でしょう。

上場企業の倒産件数も増加しています。帝国データバンクの全国企業倒産集計によれば、１９６４年から１９９０年まで、27年間の上場企業の倒産件数は累計で76件です。最大の年でも９件に過ぎません。それがバブル崩壊後、１９９５年頃から毎年のように上場企業が倒産。２０００年には15件、２００２年には22件、リーマンショック後の２００８年には45件も倒産しました。**大企業はつぶれないという常識は、すっかり過去のものになった**といえるでしょう。

▼日本企業の利益率が激しく落ち込んだ

国際的にみても、日本企業は凋落《ちょうらく》しています。たとえば、日本経済の絶頂期だった１９８９年の世界の時価総額ランキングでは、ベスト10に日本企業が８社も入っていました。ところが２０１２年では、**50位以内にランキングされている日本企業はトヨタ1社だけ**というありさまです。

また、利益率で比較しても、日本の利益率の低さが目立ちます。たとえば、内閣府の年次経済財政報告（２００６年度）によれば、日米欧の上場企業約４０００社の財務データを比べると、ＩＴバブルが崩壊した２００１年は、ＲＯＡ（総資産利益率）、ＲＯＥ（株主資本利益率）は日米欧ともに大差はありませんでした。ところが、業績が回復していくにつれて差が出てきました。２００４年は、欧米はＲＯＡが７％台、ＲＯＥが22％台に達したのに対して、日本はＲＯＡが５％台、ＲＯＥが16％台でした。リーマンショック後は、日本だけがさらに激しく落ち込んでいます。

日本企業の利益率は下がっている

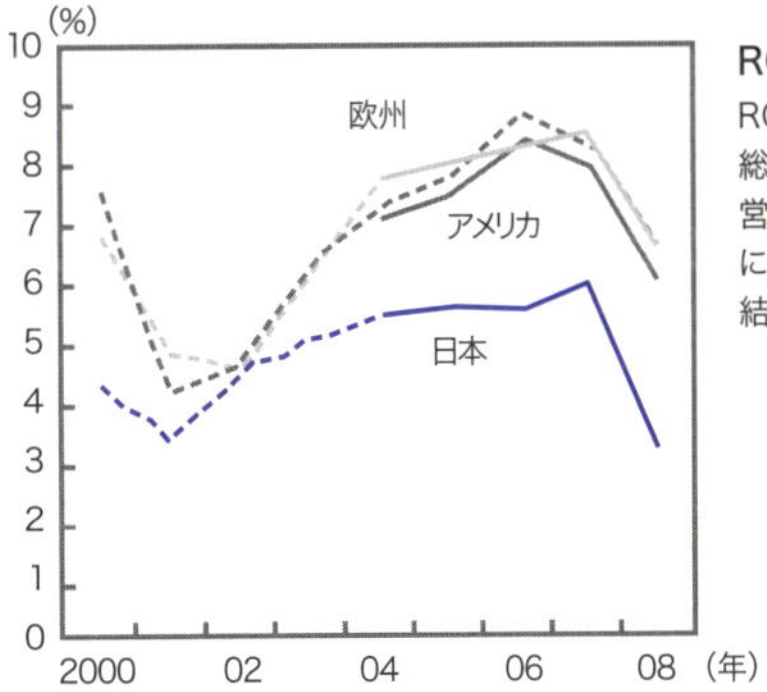

ROA（総資産利益率）

ROA とは、当期純損益を総資産で割った数値で、経営資源である総資産をいかに効率的に活用して利益に結びつけているかを示す値

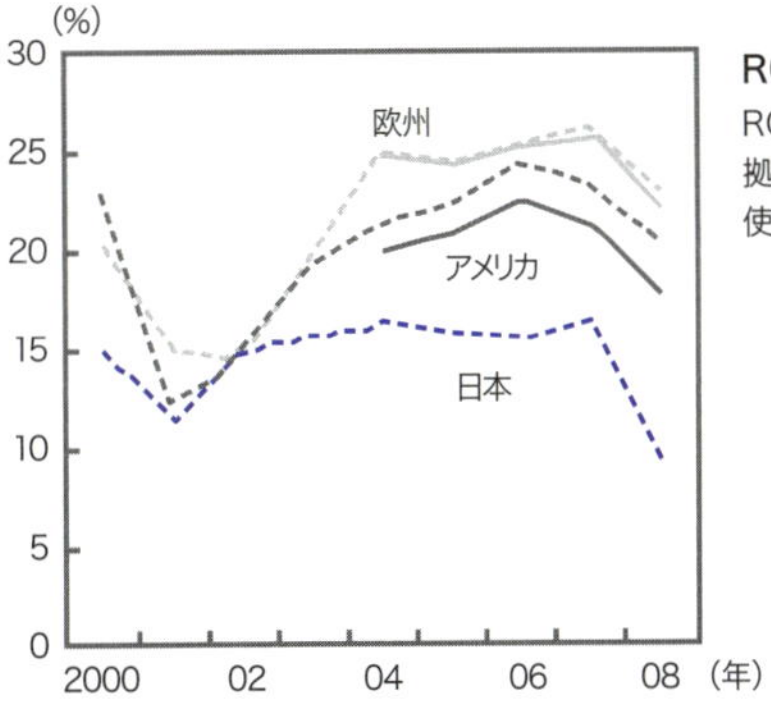

ROE（株主資本利益率）

ROE とは、企業が株主の拠出金をいかに効率的に使っているかを表す指標

日本：(2000-2008 年) 東証上場 1958 社、(2004-2008 年) 同 2392 社
アメリカ：(2000-2008 年) 上場 2936 社、(2004 年 -2008 年) 同 3966 社
欧州：(2000-2008 年) 旧 EU15 カ国の 2205 社、(2004 年 -2008 年) 同 3310 社

出典：内閣府「年次経済財政報告」(2006 年度)

PROLOGUE

04

従来の成長戦略が通用しなくなった

POINT ニーズの多様化、市場の成熟化で、企業の成長戦略の見直しが必要になった

▼良い商品が無条件に売れた時代

ビジネスモデル再構築の必要性が高まった理由は、これまでの成長戦略が、思うような効果を発揮しなくなってきたことにもあります。企業にも製品同様に、創業期〜成長期〜成熟期〜衰退期というライフサイクルがあり、同じ事業を同じスタイルでずっと続ければ、いつかは衰退します。

ビジネスモデルが意識される前、**衰退を防ぐ代表的な手法の一つは、商品や**

サービスをヒットさせることでした。といっても、特別なことをするわけではなく、リーズナブルで品質が高いものをまじめにつくり続けるだけです。

自動車会社であれば、これまでよりも「安い」「燃費がいい」「カッコイイ」「故障しない」といったクルマをつくれば、どんどん売れました。「一億総中流社会」と言われたように、誰もが似たライフスタイルだったので、自動車に限らず、欲しいものは共通していました。膨大で単一な中流マーケットが存在していたので、80年代頃までは、ライバル社より少しでも性能の高い商品づくりに専念していれば、衰退の恐れなどありませんでした。

▼多角化戦略の失敗

再び成長期に突入するための**もう一つの代表的な手法は「多角化」**でした。

たとえば、鉄道会社は、沿線住民の伸びが頭打ちになると、ホテル、遊園地、レストラン、リゾート開発を手がけました。

80～90年代は新規事業や社内ベンチャーがちょっとしたブームになり、儲かっている企業も衰退している企業もこぞって多角化に挑戦しました。

しかし、新製品の開発も多角化も、次第に成功率が下がっていきました。**価値観の多様化が進み、たとえば、それまで所得があがれば必ずもつべきと考えられた自動車などなくてもかまわないという層が現れた**からです。また、日本が豊かになるとともに、**世界中から一流の製品やサービスが入ってくる**ようになり、国内製品やサービスのいくつかはまがいものの地位に落ちました。多角化で、本業とかけはなれた業種に参入して成功するのは難しくなりました。

どの企業も売上が伸び悩み、自分たちの成長戦略が世の中とずれはじめたと感じるようになりました。そして、新たな成長の方法を模索しはじめたのです。

人は人、自分は自分。
人が持っているからといって欲しくない

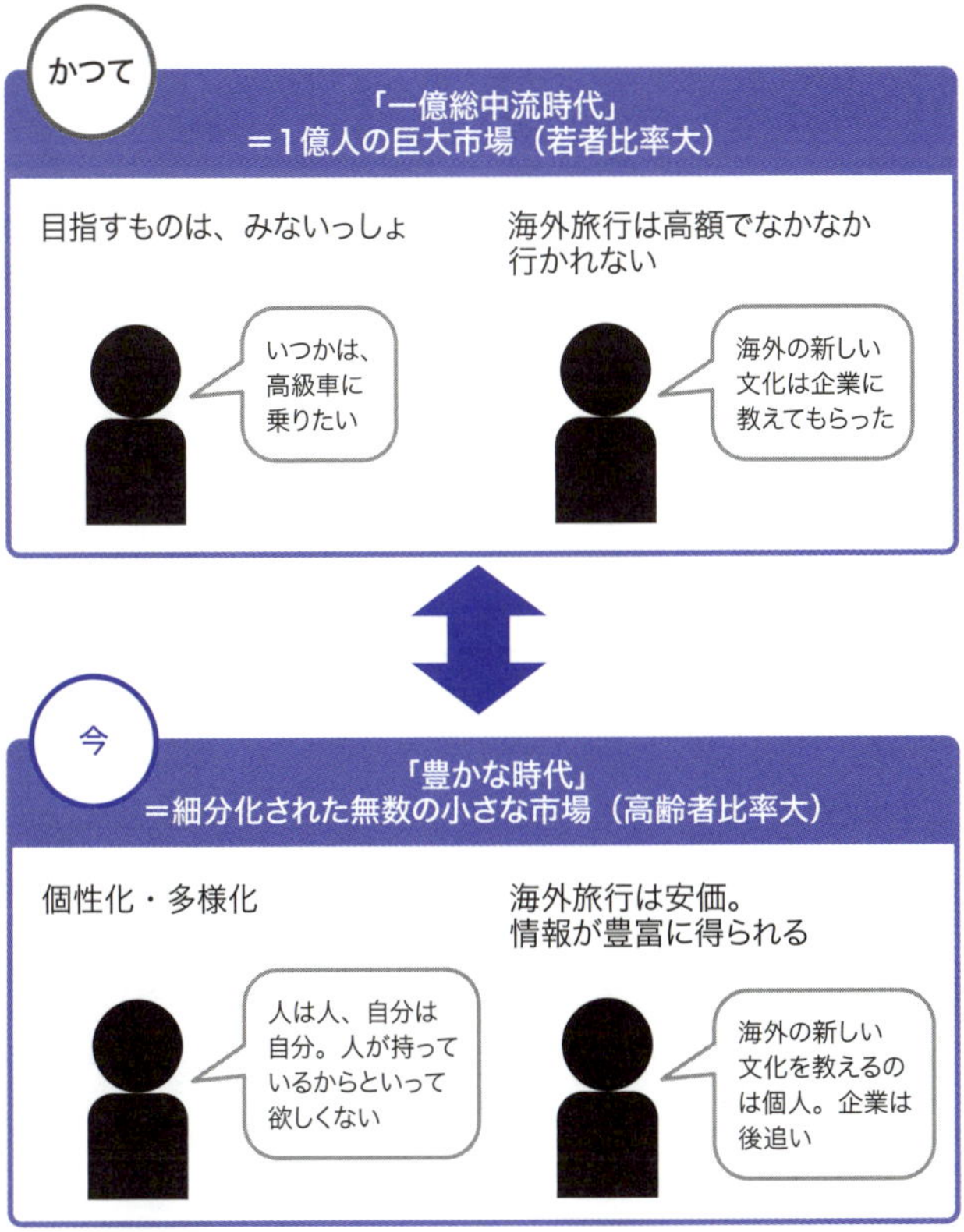

ＩＴ企業が示したビジネスモデルの威力

POINT ビジネスモデルの再構築は、ＩＴ企業をお手本にする

▼衰退産業で大成長したアマゾン

再び成長するための鍵は「ビジネスモデル」にあると、多くの企業が考えるようになったきっかけは、新しいビジネスモデルをひっさげたネット企業が続々と誕生し、たちまち世界中の消費者の心をつかんでしまったことでしょう。

最もわかりやすいのは書店のビジネスモデルです。テレビ、ビデオ等が普及した頃から、本や雑誌は次第に売れなくなり、書店は典型的な衰退産業と言わ

れていました。書店の数も減りはじめ、１９８８年には約2万８２００店だった書店の数は、２００２年には約2万２７００店へと減少していました。日本に限らず、先進国は、どこも似たりよったりの状況でした。

ところが、ネットベンチャーの「アマゾン」は、その売れないはずの「本」に目をつけました。**本が売れないのは、欲しいときに欲しい本が見つからないという在庫の問題だと考えたのです。だからこそアマゾンは、世界中のすべての本が並んでいる書店をネット上につくろうとした**わけです。

狙いは大成功で、現在では世界中で展開する巨大企業に成長しました。さらに、本だけではなく、あらゆる商品を扱うようになったのです。

上場を果たした新タイプの書店

新しいビジネスモデルによって書店業界で成功しているのはネット企業だけ

ではありません。国内を見ても本で大成功を遂げた企業がいくつかあります。

古書店をチェーン化した「ブックオフ」を運営するブックオフコーポレーションは、今では東証一部に上場するほど成長しました。**ヴィレッジヴァンガードコーポレーションは、本と雑貨を組み合わせた「遊べる本屋」というコンセプトを打ち出し**、ジャスダック上場を果たしました。

つまり、衰退の原因は、「町の本屋」というビジネスモデルにあったわけで、ビジネスモデルを変えれば、本の販売で上場することも可能です。「楽天」「一休」「ケンコーコム」など、日本でもネットを用いた新たなビジネスモデルによって、アマゾン同様、大成長を遂げるサービスや企業が続々と登場しました。

身近なサービスがビジネスモデルを変えたことで大きく成長する例を目の当たりにし、多くの企業がその重要性を認識したわけです。

BASIC

第1章

経営学における
ビジネスモデル

BASIC

01

ビジネスモデルが話題になった理由

POINT ビジネスモデルが話題になったきっかけは『プロフィット・ゾーン経営戦略』と「ビジネスモデル特許」

▼ビジネスモデルが注目されたのは、1990年代の後半

従来のビジネスモデルを革新したり、まったく新しいビジネスモデルを生み出したりするためには、ビジネスモデルに対する理解を深めておく必要があります。まずは、経営学者や経営思想家たちがビジネスモデルについてどう考えていたのか、見ていくことにしましょう。

「ビジネスモデル」というキーワードが、内外の経営学者や経営思想家の間で

注目されはじめたのは90年代の後半からで、それほど昔の話ではありません。

もちろん、それ以前も学者たちは、複数の会社に共通するビジネスモデルがあることや、独特なビジネスの仕組みをつくりあげることで成功した企業があることを認識していました。ただ、「ビジネスモデル」やそれに近い形で理論づけたり、体系立てたりしようとする人はいなかったのです。

▼『プロフィット・ゾーン経営戦略』はビジネスモデル解説書の先駆け

90年代後半になってから、複数の会社に共通するビジネスモデルを体系立てようとする人が出てきました。その先駆者が、アメリカの『インダストリー・ウィーク』誌で「経営思想の六賢人の一人」に選ばれた**エイドリアン・J・スライウォツキー**です。

戦略コンサルタントの彼は、企業の成功事例を調べるなかで、リインベンター（ビジネスの再構築者）たちが用いた利益を生み出すビジネスの仕組みに、共通性があることに着目。盟友のデイビッド・Ｊ・モリソンとの共著で、１９９７年にアメリカで出版した『プロフィット・ゾーン経営戦略』で、その利益獲得モデルの存在を明らかにし、22のモデルを取り上げました。この利益モデルは、ビジネスモデルと非常に似ていて、スライウォツキー自身、似た意味で「ビジネスモデル」という言葉を著書の中で何度も使っています。

90年代後半、アメリカではＩＴを活用した新しいビジネスモデルで急成長する企業が数多く登場しました。そんななか、ビジネスの大きな枠組みを表すときに、「ビジネスモデル」という言葉は、多くの読者にしっくりきたのでしょう。**『プロフィット・ゾーン経営戦略』はアメリカでベストセラーとなった後、各国で読まれ、学者からビジネスパーソンまで、さまざまな層に「ビジネスモデル」を意識させるきっかけとなりました。**

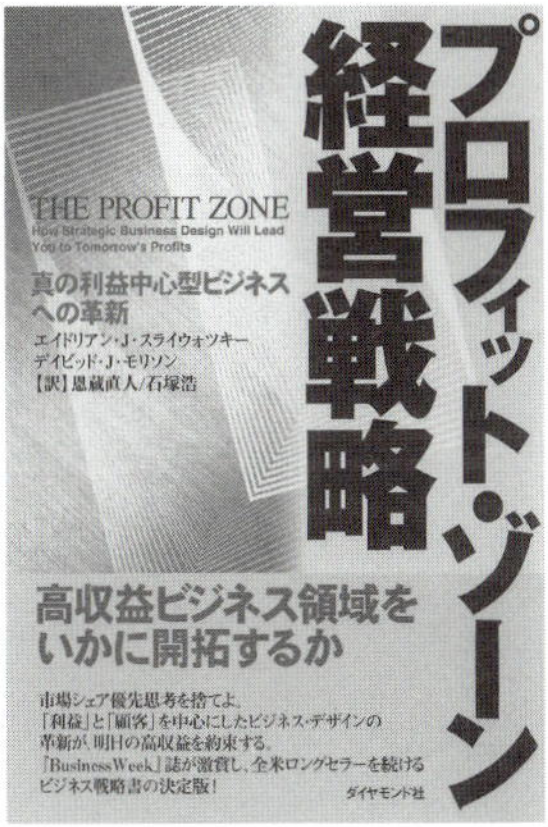

『プロフィット・ゾーン経営戦略』エイドリアン・J・スライウォツキー／デイビッド・J・モリソン：著、恩蔵直人／石塚浩：訳、ダイヤモンド社

「ビジネスモデル特許」も注目される契機になった

ビジネスモデルが学者たちの間で注目されるようになった、もう一つの契機は**「ビジネスモデル特許」**です。

かつてアメリカでは、ビジネスの方法は特許として認められていませんでした。しかし、**1998年にステート・ストリート銀行が起こした裁判で、裁判所が「ビジネスの方法」を特許として認めた**のです。これを機に、「ビジネスの方法」の特許申請をする企業が急増しました。

「ビジネスの方法」といっても、実際には、この特許に該当するのはＩＴを使ったビジネスの一部であり、事業の仕組みではないのですが、「ビジネスの方法・仕組み」について関心が高まったことは確かでしょう。

こうした流れが伝わり、日本でもビジネスの方法を特許申請する企業が急増しました。実は、アメリカでは「ビジネスモデル特許」とはいわず、「ビジネスメソッド特許」というのですが、日本ではなぜか「ビジネスモデル特許」と言われるようになりました。日本では、出願しても特許と認められる例が少なく、すぐに下火になりましたが、「ビジネスモデル」という言葉は浸透しました。

これらの動きから、ビジネスモデルに着目する経営学者や経営思想家が、日本や世界で増えはじめたのです。

ビジネスモデルの変遷

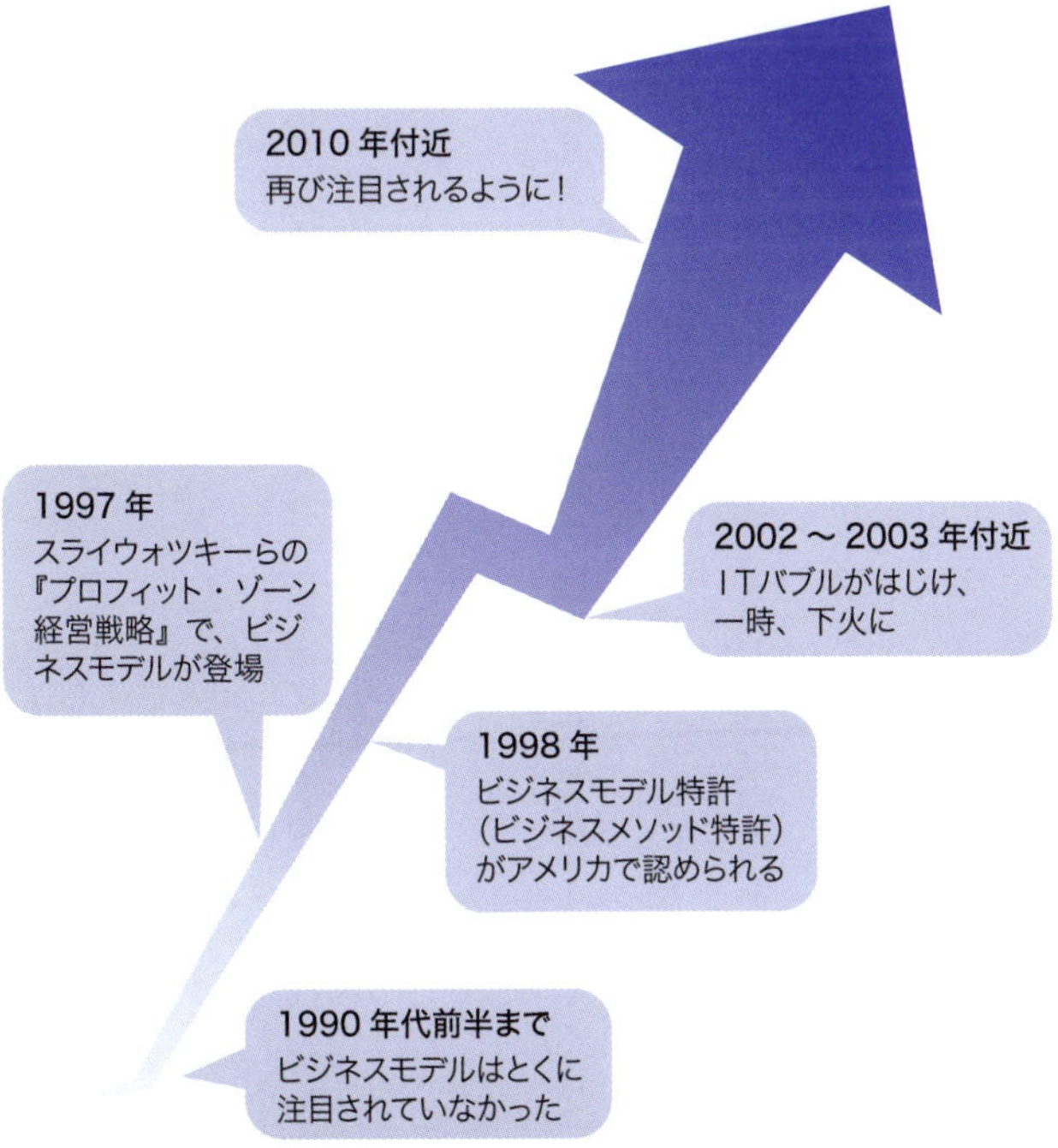
2010年付近
再び注目されるように！
1997年
スライウォツキーらの『プロフィット・ゾーン経営戦略』で、ビジネスモデルが登場
2002～2003年付近
ITバブルがはじけ、一時、下火に
1998年
ビジネスモデル特許（ビジネスメソッド特許）がアメリカで認められる
1990年代前半まで
ビジネスモデルはとくに注目されていなかった

ビジネスモデルが注目されたのは、1990 年代後半と最近で、これは IT の進歩、グローバル化の影響とリンクしている。

BASIC

02

ビジネスモデルにおける経営学者たち

POINT ビジネスモデルの定義にはさまざまな学説がある。わかりやすく応用しやすいのがマーク・ジョンソンの定義

▼ビジネスモデルとは複数の要素の組み合わせだ！

２０００年前後から、「ビジネスモデル」という言葉は、世界的に当たり前のように使われるようになりましたが、その言葉が何を指しているのかは非常にあいまいでした。そこで多くの経営学者や経営思想家たちが、ビジネスモデルについて定義づけを始めました。

どのような定義があるのか、主だったものを紹介します。

ビジネスモデルの主な定義（海外）

ジョアン・マグレッタ（2002）

- 一言でいうと"物語"。どうすれば会社がうまくいくかを語る筋書き

➡素晴らしい"物語"には､「緻密な人物描写」「説得力あふれる動機」「価値を見抜く洞察力をもって生み出された構想」が含まれている

アラン・アフア（2003）

- 顧客が求める価値を提供するための「Which」「How」「When」の活動の組み合わせ

ヘンリー・チェスブロウ（2006）

- アイデアやテクノロジーを経済的な結果に結びつけるための枠組み

マーク・ジョンソン（2010）

- ビジネスが顧客と企業の双方にとっての価値をどのようにして創造・提供するかを表現したもの
- その企業がどのようにして一定層の顧客に価値を提供し、利益を得るかを定義するもの

➡「顧客価値提案」「利益方程式」「主要経営資源」「主要業務プロセス」の４つの要素に分かれる

アレックス・オスターワルダー、イヴ・ピニュール（2010）

- どのように価値を創造し、顧客に届けるかを論理的に記述したもの

➡「主要活動」「価値提案」「顧客セグメント」「顧客との関係」「チャネル」「リソース」「パートナー」「コスト構造」「収益の流れ」の９つの構成要素に分かれる

ビジネスモデルの主な定義（国内）

國領二郎（1999）

- ４つの課題に対応した事業の設計思想

・誰にどんな価値を提供するか
・その価値をどのように提供するか
・提供するにあたって必要な経営資源をいかなる誘因の下に集めるか
・提供した価値に対してどのような収益モデルで対価を得るか

根来龍之、木村誠（1999）

- 事業活動の構造のモデル。「戦略モデル」「オペレーションモデル」「収益モデル」の３つのモデルからなる

１．戦略モデル

どういう顧客に、何をどう魅力づけして、どういう製品を提供するかを表現するモデル

２．オペレーションモデル

戦略モデルを実現するオペレーションの基本構造を表現するモデル。資源と活動の組み合わせ

３．収益モデル

事業活動の利益をどう確保するかなど、収入を得る方法とコスト構造を表現するモデル（儲ける仕組み）

ビジネスモデルの定義づけはさまざまな学者やコンサルタントが試みている。細部は異なるが、「顧客に価値を提案するための仕組み」であることは一致している。

それぞれの定義を比較すると、多くの学者や思想家は、「ビジネスモデルとは複数の要素が組み合わさってできている」と考えていることがわかります。ただ、その要素に関しては、共通する部分もあれば、そうでない部分もあります。

このなかで**最もわかりやすく、ビジネスへの応用がしやすいと考えられるのは、戦略コンサルタントであるマーク・ジョンソンの定義**です。

また、**アレックス・オスターワルダーとイヴ・ピニュールは、「ビジネスモデルキャンバス」というビジネスモデルの分析ツールを生み出し、注目を集めています**。

ほぼ同時期に著書を出した両者の考え方について、次ページ以降で詳しく解説しましょう。

マーク・ジョンソンの「4つの箱」

POINT

マーク・ジョンソンが提唱したビジネスモデルは「ビジネスが顧客と企業の双方にとっての価値をどのようにして創造・提供するのかを表現したもの」。４つの箱からなる

▼戦略コンサルティングの経験を生かし、ビジネスモデルを分解

ビジネスモデルをわかりやすく分解したのが、**マーク・ジョンソン**です。

彼は、コンサルティング会社・イノサイトの創業者。会社の共同創業者は、著書『イノベーションのジレンマ』で知られるイノベーションの大家、ハーバードビジネススクール教授のクレイトン・クリステンセンです。

彼は、２０００年の創業以来、イノベーションを基軸にした戦略コンサル

ティングを手がけてきました。その実務のなかで、「ビジネスモデルを論じる際の共通言語がない」という問題意識を抱えていました。そこで、実務経験を生かしながら、クリステンセンらと共に、ビジネスモデル・イノベーションに関する論文を執筆。それが『ハーバード・ビジネス・レビュー』誌でマッキンゼー賞を受けました。その後、受賞論文を加筆修正した著書『ホワイトスペース戦略』が発売され、世界中で読まれるようになりました。

ビジネスモデルは「4つの箱」で構成されている

まず、ジョンソンは、ビジネスモデルの定義について、**「ビジネスが顧客と企業の双方にとっての価値をどのようにして創造・提供するかを表現したもの」**としています。その上で、ビジネスモデルは、**「4つの箱（要素）」**によって構成されていることを示しました。次の4つです。

●顧客価値提案

顧客が抱えている重要な問題・課題を解決するための提案。商品やサービスだけでなく、それらの販売方法も含む。

●利益方程式

自社と株主のために利益を確保する仕組み。収益モデルやコスト構造など。

●主要経営資源

顧客価値提案を実現するために必要な人材、テクノロジー、商品、施設・設備、納入業者、流通経路、資金、ブランドなど。

●主要業務プロセス

製造や開発、セールス、サービス、スタッフの研修、予算策定、計画立案など繰り返し行う必要がある業務。

マーク・ジョンソンの「ビジネスモデルの4つの箱（構成要素）」

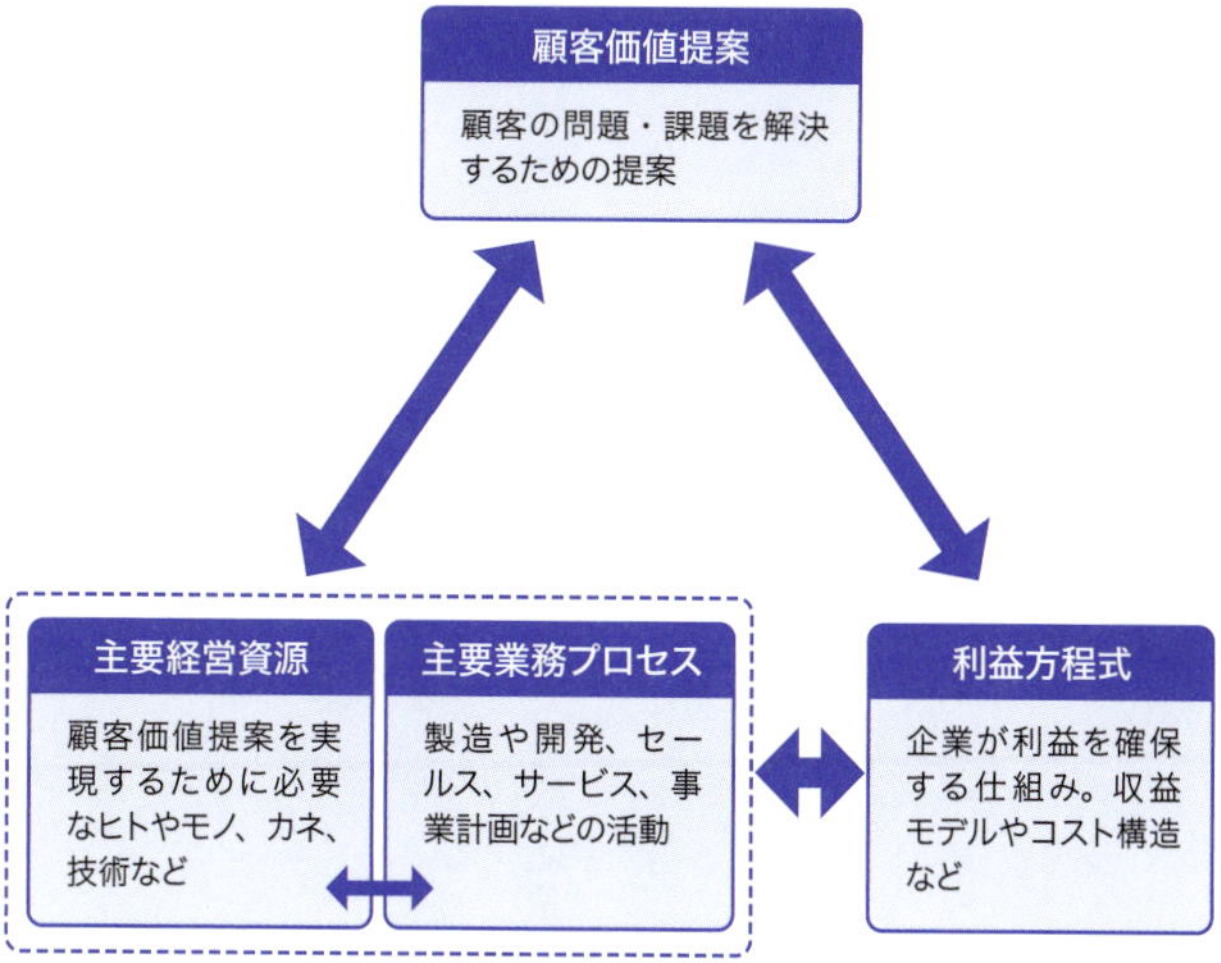
顧客価値提案
顧客の問題・課題を解決するための提案
主要経営資源
顧客価値提案を実現するために必要なヒトやモノ、カネ、技術など
主要業務プロセス
製造や開発、セールス、サービス、事業計画などの活動
利益方程式
企業が利益を確保する仕組み。収益モデルやコスト構造など

※経営資源と業務プロセスを一緒の枠に入れているのは、この二つがかみ合うかどうかが成功の大きな鍵を握るため

※『ホワイトスペース戦略』P53 他より。一部加工

4つの要素がうまくかみ合って初めて、ビジネスモデルは顧客に価値を提供することができ、企業に利益をもたらすことができる。成功するモデルを築くためには、4つの要素すべてに不備がないよう、目を配らなければならない。

ビジネスモデルといった場合、「利益方程式」だけを捉える人が少なくありません。しかし、実際には4つの要素のすべてを組み合わせたものがビジネスモデルであるというのが、ジョンソンの主張です。

4要素のいずれかに不備があっても、そのビジネスモデルはうまくいかなくなると彼は言います。逆に言えば、**ビジネスモデルを構築するときに4要素を調和させることができれば、新規性がなくても成功する確率が高まる**わけです。

他社のビジネスモデルも、この表に当てはめて整理すれば、全体像が明らかになります。次ページはＬＣＣの草分けであるサウスウエスト航空のビジネスモデルを分解したものです。一社のモデルを見るだけではなく、同業他社のモデルと見比べれば、その違いをより明らかにできるでしょう。

14ページで述べた本書のビジネスモデルの定義も、このジョンソンの定義を参考にしています。

航空会社「サウスウエスト航空」を「4つの箱」で分解すると……

顧客価値提案

・従来の航空会社が提供するような手厚いサービスを必要としない近距離移動客向けに、サービスを徹底して削減し、チケットの直販制を導入して、迅速で安価な移動手段を提供する

※サウスウエスト航空
アメリカの航空会社で、LCC(ローコストキャリア)の草分け的存在。1971年に運航を開始して以来、黒字続きの優良企業として知られる

主要経営資源

・就航させる航空機の機種は1種類
・オンラインを利用したチケット販売
・都市近郊の小規模空港を利用
・労働組合に加盟していないパイロットを採用

主要業務プロセス

・メンテナンス手順の標準化
・航空機の回転率向上
・ポイント・トゥ・ポイント型の路線
・指定席制の不採用

利益方程式

・価格を安くする(チケットは直販。オプションサービスなし)
・直接費と間接費を減らす
・1単位あたりの利益率を抑える
・経営資源の回転率を高める

※『ホワイトスペース戦略』P212より。一部加工

4つの箱で分解することで、サウスウエスト航空のビジネスモデルの全貌と優秀さがひと目でわかる。ちなみに同社のビジネスモデルは「ノンフリル(P90)」タイプ。

オスターワルダー＆ピニュールの「ビジネスモデルキャンバス」

POINT ビジネスモデルの構成要素を9つに細分化。相関関係がつかめるツールも開発

▼『ビジネスモデル・ジェネレーション』で注目される

一方、ビジネスモデルをジョンソンよりも細かい9つの要素に分解し、**「ビジネスモデルキャンバス」という分析ツールまで生み出したのが、アレックス・オスターワルダーとイヴ・ピニュール**です。

2人は、スイスのHECローザンヌ校で経営情報システムを教えていた教授（ピニュール）とその教え子（オスターワルダー）という間柄。オスターワル

ダーがビジネスモデル・イノベーションに関する論文を書き、博士号を取得した後、共同で仕事をしていました。

あるワークショップで「ビジネスモデル創造についての方法が書かれた本はないのか」と二人がたずねられたことをきっかけに、共同執筆をしようと考えたそうです。

９年間の研究の末、２０１０年に『ビジネスモデル・ジェネレーション』を上梓しました。その本で、「ビジネスモデルキャンバス」を紹介しています。

▼ビジネスモデルの構成要素を細分化&ビジュアル化

彼らのビジネスモデルの定義は、「どのように価値を創造し、顧客に届けるかを論理的に記述したもの」で、ジョンソンとさほど変わりはありません。

異なるのは、ビジネスモデルの構成要素。次の９つがあると述べています。

- **価値提案**……顧客にどんな価値（製品やサービス）を提供するのか
- **主要活動**……価値提案を届けるために必要な活動
- **顧客セグメント**……どんな顧客（グループ、市場）に価値を届けるのか
- **顧客との関係**……顧客とどう関わるか。専任担当者、コミュニティなど
- **チャネル**……どのように顧客に価値提案を届けるか。店やＷｅｂショップなど
- **リソース**……ビジネスモデルの実行に必要な資産。ヒト、モノ、カネ
- **パートナー**……ビジネスモデルに必要なパートナーやサプライヤー
- **収益の流れ**……どんな形でお金をいただくか。商品販売、使用料など
- **コスト構造**……ビジネスモデル運営によって発生するすべてのコスト

この９つの構成要素を使って、ビジネスモデルを「見える化」できるツールが、「ビジネスモデルキャンバス」です。

**「ビジネスモデルキャンバス」とは、
ビジネスモデルを９つの構成要素に分解し、
「見える化」できるツール**

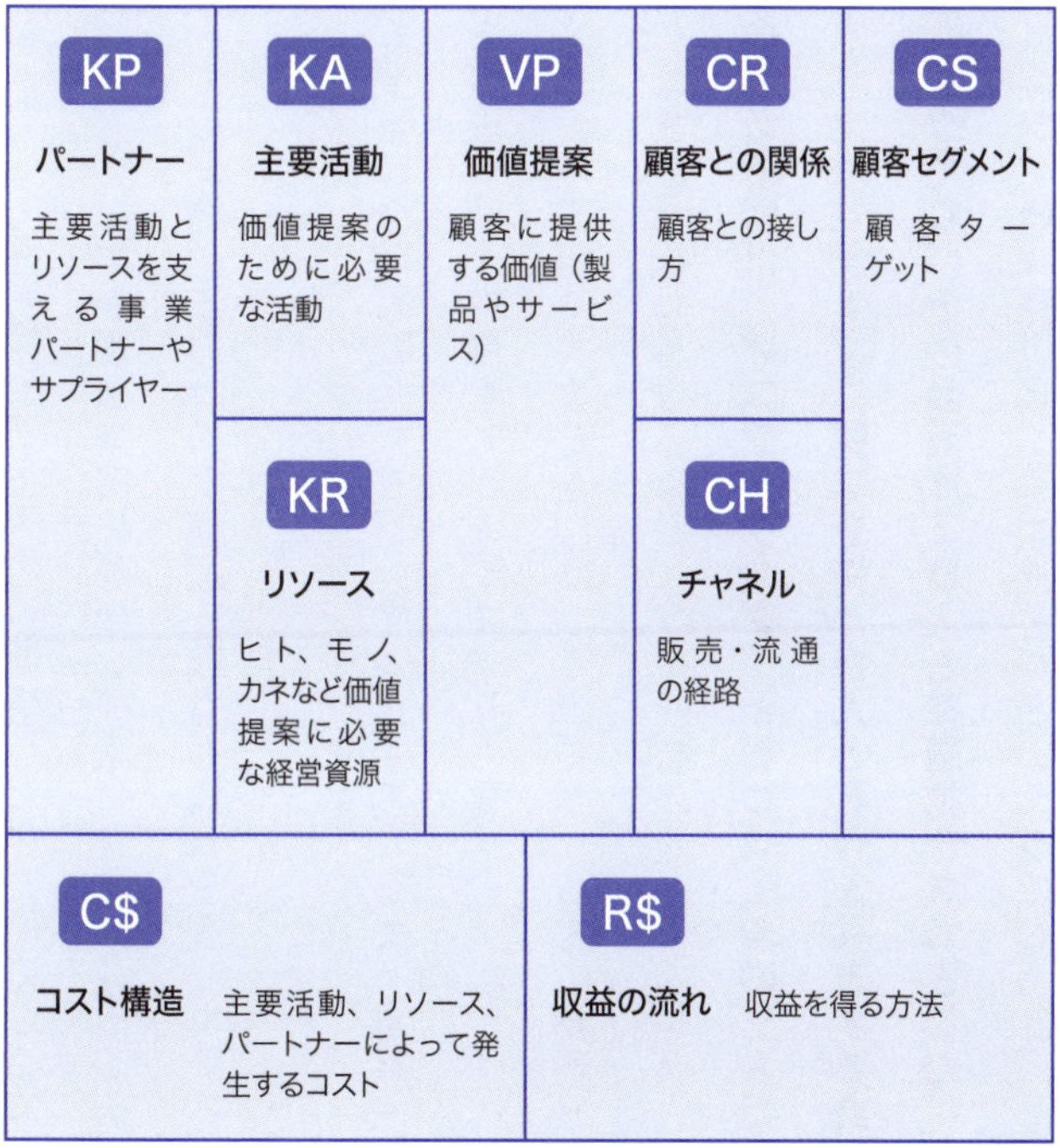

※『ビジネスモデル・ジェネレーション』を基に作成。一部加工

配置には意味があり、「価値提案」を中央に置き、その左側の3つ（主要活動、リソース、パートナー）が価値提案に必要な要素。右側の3つが価値提案を顧客に届ける上での関係。そのコスト構造と収益の流れを表しているのが、下の2つです。

こうして細かな要素に分解した上でビジュアル化することで、自社や他社のビジネスモデルを整理し、全体像をつかみやすくなります。

また、ビジネスモデルを構築するときには、このキャンバスに要素を書き込んでいけば、そのまま設計図にもなるわけです。

ちなみに、**この本の著者は、オスターワルダーとピニュールの2人だけではありません。ネット上に、テーマに興味を持った人と著作を共有する会員制のプラットフォームをつくり、その会員470人と共同制作されました。**このプラットフォーム自体が、興味深いビジネスモデルといえるでしょう。

無料電話の「スカイプ」を、「ビジネスモデルキャンバス」で分析すると……

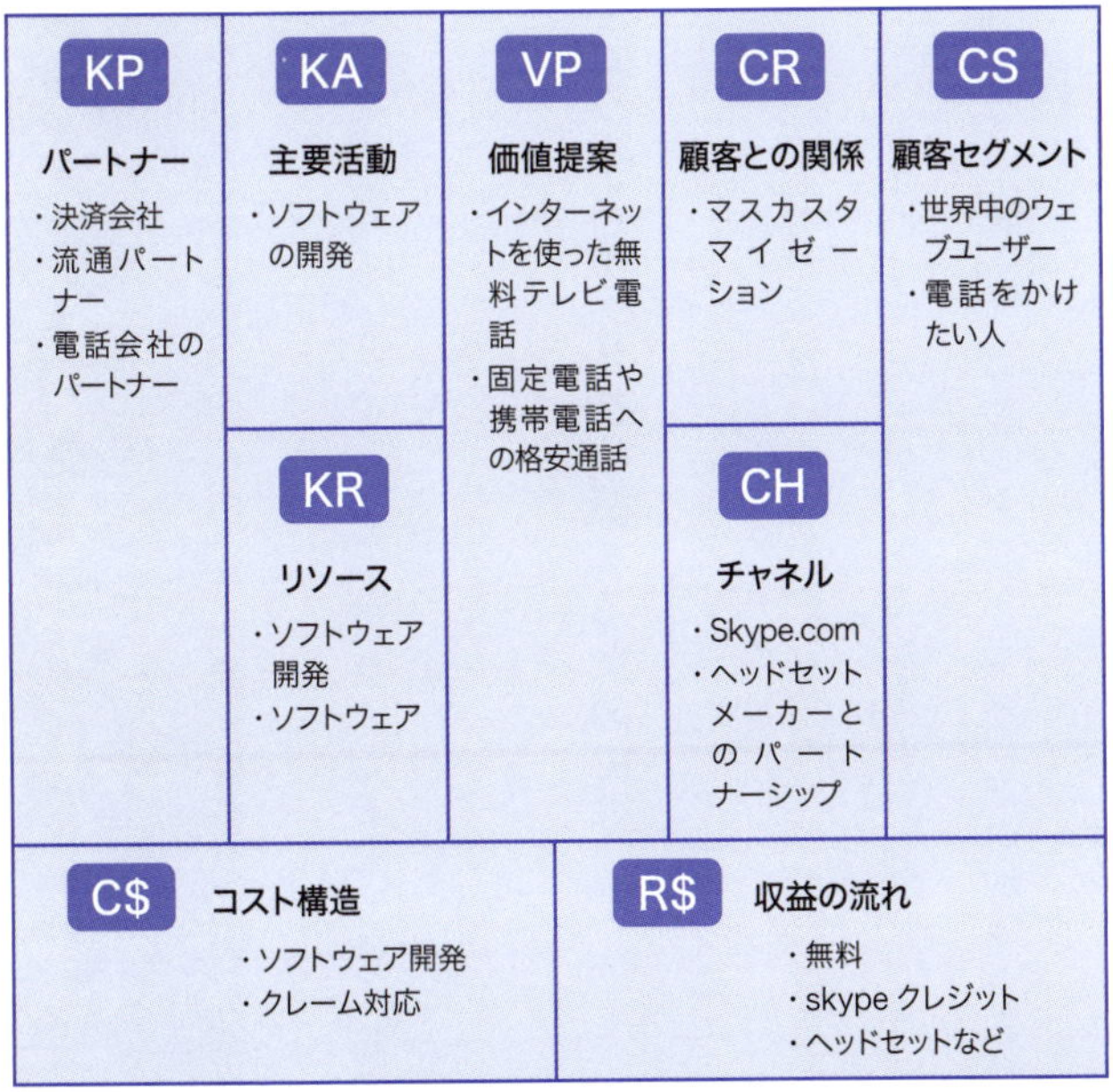

KP パートナー	KA 主要活動	VP 価値提案	CR 顧客との関係	CS 顧客セグメント
・決済会社 ・流通パートナー ・電話会社のパートナー	・ソフトウェアの開発	・インターネットを使った無料テレビ電話 ・固定電話や携帯電話への格安通話	・マスカスタマイゼーション	・世界中のウェブユーザー ・電話をかけたい人
	KR リソース ・ソフトウェア開発 ・ソフトウェア		**CH** チャネル ・Skype.com ・ヘッドセットメーカーとのパートナーシップ	

C$ コスト構造	R$ 収益の流れ
・ソフトウェア開発 ・クレーム対応	・無料 ・skype クレジット ・ヘッドセットなど

※『ビジネスモデル・ジェネレーション』P98より引用。一部加工

無料版で利用者を増やす「フリーミアム（P84）」で成功したスカイプ。ビジネスモデルキャンバスを使えば、無料通話を支えるビジネスモデルの構造が、一つの図にまとまる。

BASIC

05

良いビジネスモデルとは何か

POINT

良いビジネスモデルとは「利用客が定着し、参入障壁が高い」モデル

▼持続するビジネスモデルを構築するためには

50ページでは、良いビジネスモデルとは「ジョンソンの『4つの箱』すべてに不備がないモデル」だと述べましたが、それだけでは抽象的すぎるかもしれません。良いビジネスモデルとは、どんなものなのでしょうか。

新規事業研究で名高い、コロンビア・ビジネススクール教授のリタ・ギュンター・マグレイスは、次のような条件を挙げています。

良いビジネスモデルと
悪いビジネスモデルの違いとは？

○ 良いビジネスモデル

- 一度使用した顧客が定着する
- 参入障壁が高い

[ビジネスモデルとしての賞味期限が長い]

↕

× 悪いビジネスモデル

- 顧客との取引が単発で終わり、継続的な収入を得られない
- すぐに真似されてしまう

[ビジネスモデルとしての賞味期限が短い]

・一度利用した顧客が定着すること
・参入障壁が高いこと

悪いビジネスモデルは、その逆。顧客との取引は単発で終わることが多く、継続的な収入を得られないモデル、またはすぐにマネされるようなモデルです。

現実には、良いビジネスモデルを生み出すのは容易なことではありません。だからといって、いつまでも古いビジネスを繰り返していては、疲弊していくだけでしょう。

良いビジネスモデルを構築するためには、どうしたらよいのでしょうか。第2章以降で、そのヒントを提示していきたいと思います。

BUSINESS MODEL

第2章

必修！
12ビジネスモデル・パターンを理解しよう

ビジネスモデル・イノベーションは頻出パターンの理解から

POINT 大多数のビジネスモデルは既存のモデルのアレンジで生まれている

▼覚えておきたいビジネスモデル・パターンとは

新たなビジネスモデルを生み出すためには、何から始めるべきでしょうか。私たちがすすめるのは、世の中のさまざまなビジネスモデルを知ることです。

画期的なビジネスモデルをゼロから生み出せるのは、一握りの天才だけ。先駆者たちは皆、既存のモデルをアレンジすることで、新たなビジネスモデルを考え出しています。つまり、複数のモデルを頭に入れておけば、それがヒントとなり、発想しやすくなるというわけです。

「ビジネスモデルは企業の数だけある。すべてを網羅するのは難しい」と考える人がいるかもしれませんが、**表面的には違っても本質的には同じビジネスモデルを使っているケースはよくあります**。たとえば、ショッピングモールとテレビゲーム機のビジネスモデルは同じものです（66ページ参照）。

第2章では、「これさえ押さえておけば、多くの企業のビジネスモデルが理解でき、モデルの創造につながる」パターンを解説していきます。

私たちは、さまざまな学識者の説を踏まえながら、多様なビジネスモデルを整理して、主なビジネスモデルを12種類にまとめました。

12種類のモデルは、次の3つの条件を満たしています。

● 多様な業界で導入されているビジネスモデル

ひとつの業界で発達したビジネスモデルでは応用が難しいので、多様な業界で導入されているものを選びました。

●今も現役で使われているビジネスモデル

時代に合わなくなってしまったモデルは省き、最近脚光を浴びている、または昔から存在して今も変わらず使われているモデルに絞りました。

●継続性が見込めるビジネスモデル

すぐに儲からなくなるようでは良いビジネスモデルとは言えません。ここで紹介するパターンも、継続的に利益が得られるモデルを取り上げます。

12のパターンのなかには、ビジネスモデルといえるのか異論がある人もいるでしょう。しかし、本書の目的は「ビジネスモデル創造のヒントを提供する」こと。その上で、有効だと思われるものは極力取り上げるようにしました。

詳しく取り上げたい企業の事例は、第3章でページを割いてじっくり紹介しています。これらを頭に叩き込み、新たなモデルを生み出しましょう。

覚えておきたいビジネスモデル・12パターン

番号	ビジネスモデル	ページ数
01	マルチサイドプラットフォーム	P66
02	ロングテール	P72
03	ジレットモデル	P78
04	フリーミアム	P84
05	ノンフリル	P90
06	アンバンドリング	P96
07	SPA	P102
08	オープンビジネスモデル	P108
09	O2O	P114
10	ペイアズユーゴー	P120
11	フランチャイズ	P124
12	BTO	P130

上記のビジネスモデルの詳細を次ページから解説。解説図では、各モデルの特徴がわかるように、4つの構成要素のうち「提案できる価値」「儲かる仕組み」をとくに「要点」としてまとめた。「経営資源／業務プロセス」については、企業の特色による点が強いため、第3章の企業事例で補足する。

皆が使いたくなる「場」を提供した企業が成功できるビジネスモデル

マルチサイドプラットフォーム

POINT 売買や情報交換の「場」をつくり、利益を得る

ショッピングモール、SNS、ゲーム機……「場」はいろいろ

マルチサイドプラットフォームは、２００６年にハーバードビジネススクール准教授のアンドレイ・ハギウ氏らが提起したことで注目を集めた言葉。一言でいえば、**「場（プラットフォーム）」を提供するビジネスモデル**のことです。売買や情報交換などを目的とした「場」をつくり、売り手や買い手など、多様なニーズを持つ人や企業を集めます。人や企業に「場」のなかで活動して

**マルチサイドプラットフォームとは、
売買や情報交換などを目的とした「場」をつくり、
出店料や売買手数料などで稼ぐビジネスモデル**

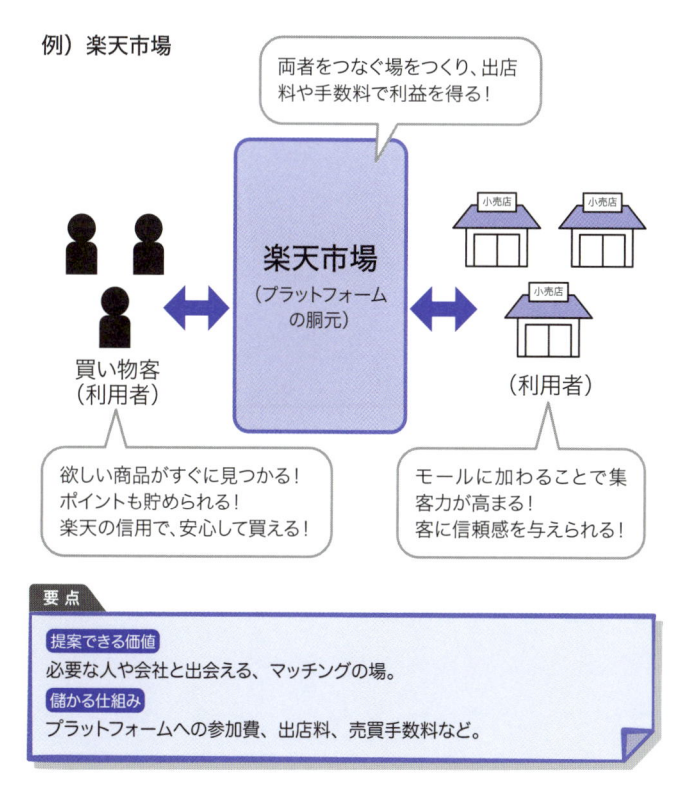

例）楽天市場

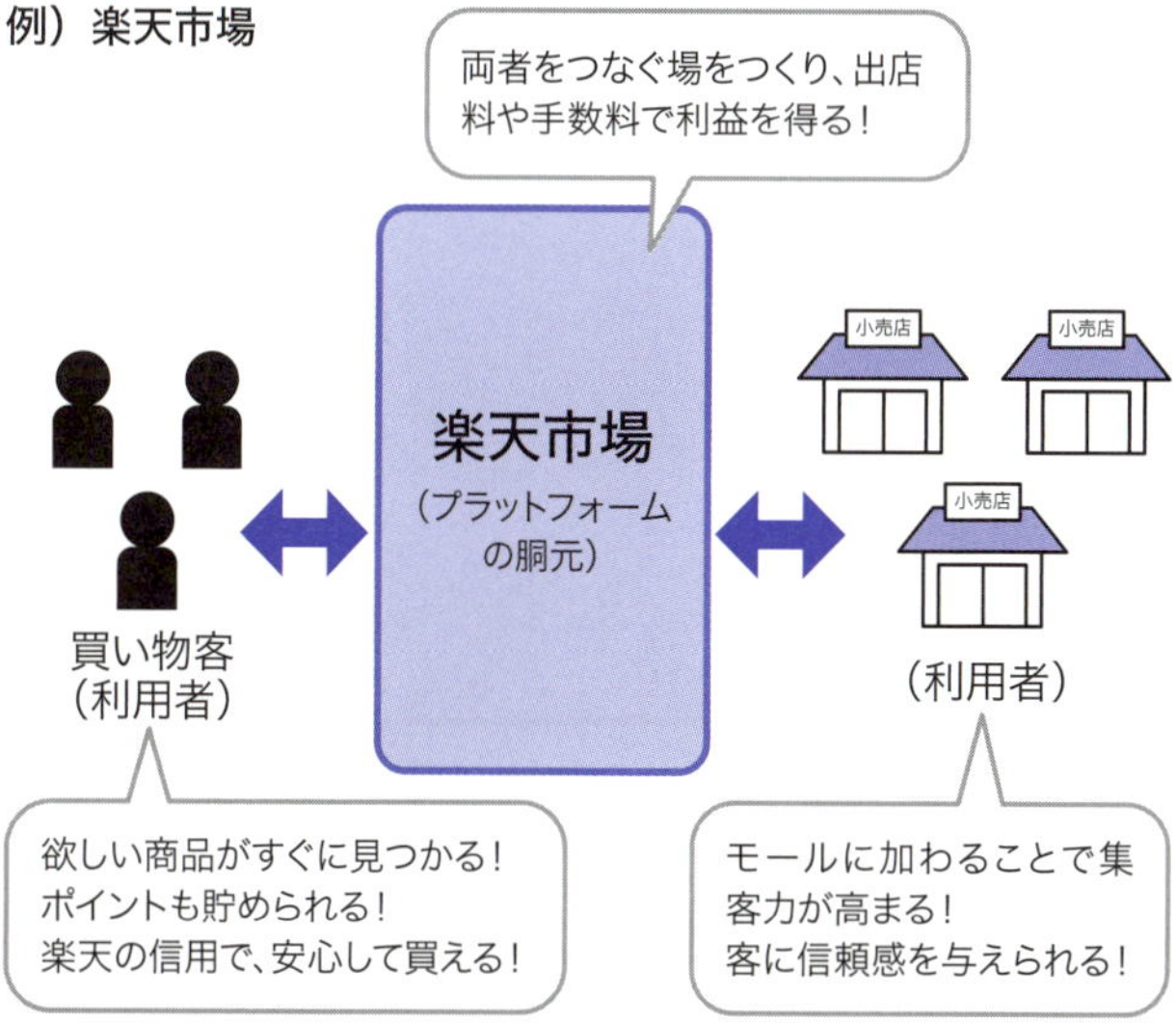
両者をつなぐ場をつくり、出店料や手数料で利益を得る！
楽天市場
（プラットフォームの胴元）
小売店
小売店
小売店
買い物客
（利用者）
（利用者）
欲しい商品がすぐに見つかる！
ポイントも貯められる！
楽天の信用で、安心して買える！
モールに加わることで集客力が高まる！
客に信頼感を与えられる！

要点

提案できる価値

必要な人や会社と出会える、マッチングの場。

儲かる仕組み

プラットフォームへの参加費、出店料、売買手数料など。

※4構成要素のうち「提案できる価値」「儲かる仕組み」を「要点」で解説。「経営資源／業務プロセス」については、企業の特色による点が強いので、第３章の企業事例で補足。

もらったり、利用者同士をマッチングしたりすることで、利益を得る仕組みです。

「場」の例で最もわかりやすいのは、ショッピングモールです。多くの客が集まる場所で商売をしたい小売店を集め、１カ所で快適に買い物をしたい客を呼び込みます。胴元のモール運営者は、小売店からの出店料や売買手数料などで利益を得るわけです。次ページ図でまとめましたが、Ｗｉｉのようなゲーム機や、クレジットカードも「場」といえるでしょう。

最近では、ネットを使ったマルチサイドプラットフォームも増えました。その典型は、楽天市場のようなネットショッピングモール。フェイスブックやミクシィのようなＳＮＳ、グーグルのような検索エンジン（１３８ページ参照）、アップルのｉＴｕｎｅｓ Ｓｔｏｒｅ（１４２ページ参照）、ヤフーオークション、ＯＫＷｅｂやクックパッドのような情報サイトも含まれます。

さまざまな業界に広がる マルチサイドプラットフォーム！

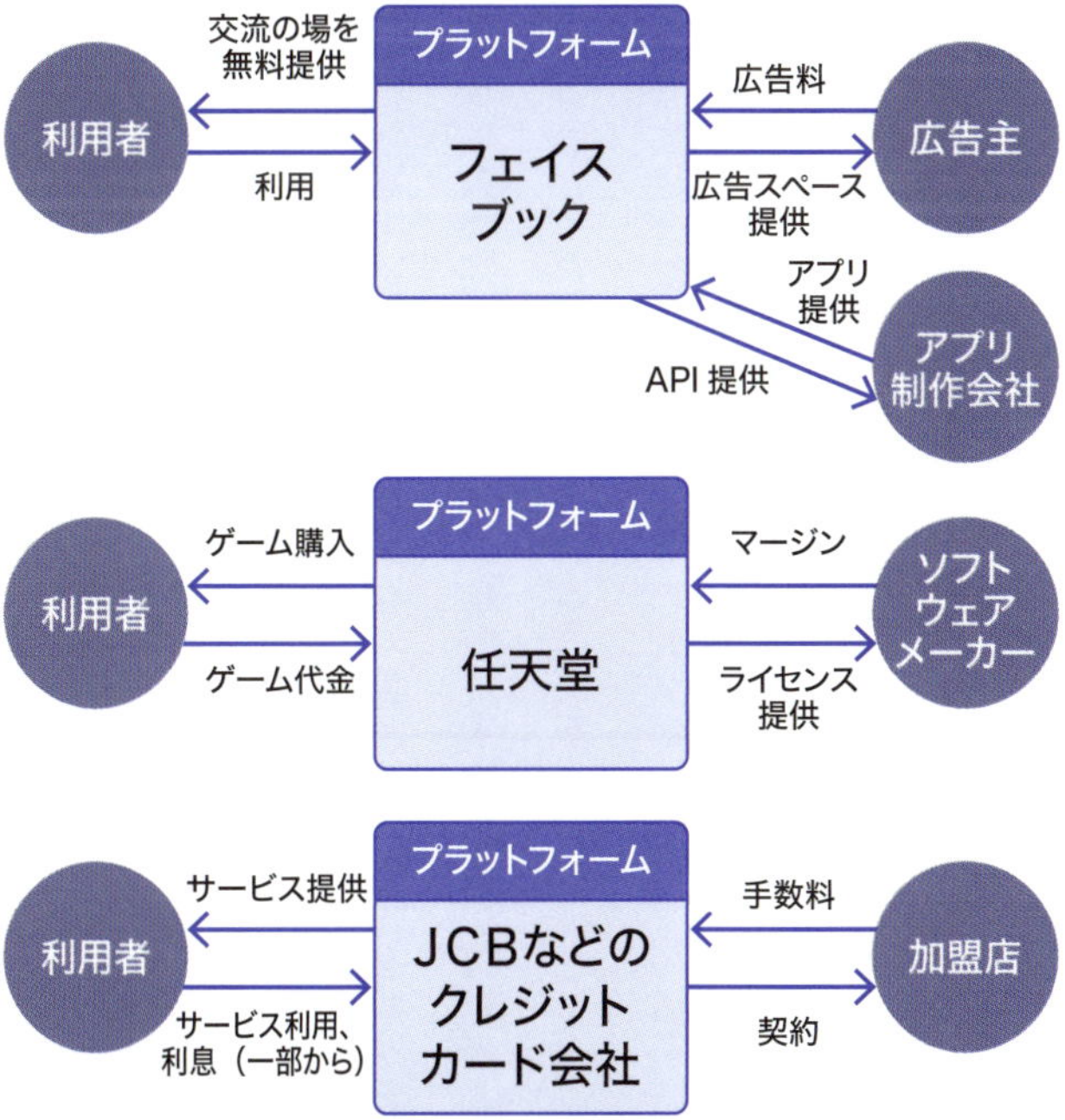

プラットフォーム自体は前から存在したが、ネットの普及に伴い、ネット上のショッピングモールやフェイスブックなどのSNS、検索エンジンといった情報サイトが新たに登場した。

「ネットワーク効果」によって、大きな利益を得られる

多くの企業がマルチサイドプラットフォームに参入する理由は、「ネットワーク効果」（あるいはネットワーク外部性）を起こせれば、巨額の売上をあげられるからです。

ネットワーク効果とは、簡単に言えば、集まる人や企業が増えれば増えるほどプラットフォームの価値が高まり、さらに人や企業が集まることです。

たとえばショッピングモールなら、良い店が集まるほどモールの魅力があがり、客が集まります。こうなれば活発に売買が行われ、出店料、売買手数料が面白いように入ってくるでしょう。また、客が集まれば他の人気店も出店したがります。このようなサイクルに入れば、雪だるま式に売上が増えていくのです。

プラットフォームに人が集まれば、新たなビジネスの可能性も出てきます。ショッピングモールなら飲食や駐車場など、ＳＮＳや情報サイトなら広告や有

料会員サービスなどが考えられるでしょう。こうして多様な方法で儲けられるわけです。

もちろん、ここまでのプラットフォームをつくりあげるのは、簡単ではありません。プラットフォーム自体の魅力を高め、「このプラットフォームを利用すれば良いことがある」と思わせることが不可欠です。

また、大きなプラットフォームが魅力を失い、後発のプラットフォームに根こそぎユーザーを持っていかれるケースもあります。テレビゲーム機やSNSなどで、このようなケースを目にしたことがあるでしょう。利用者にとっての魅力を保ち続ける努力は不可欠です。

アマゾン（Amazon）に代表される「死に筋商品」を生かすビジネスモデル

ロングテール

POINT 長い尻尾のように大量のニッチ商品を揃えて、客を呼び込む

▼2割の売れ筋より8割の〝死に筋〟商品で儲ける

〝売れ筋商品〟だけではなく〝死に筋商品〟を多く揃えることで「何でも揃う場」を創造し、その結果、幅広い顧客層を獲得して、安定的な売上を得る——。

ロングテールは、雑誌『ワイアード』の編集長であるクリス・アンダーソンが提唱したビジネスモデルです。次ページ図のように、インターネット上の商品売上を、売上数量を縦軸に、売上商品を横軸にしてグラフ化すると、左端は

ロングテールとは、あまり売れない「死に筋商品」とそのニーズを持つ人々をマッチングして、大きな売上をあげるビジネスモデル

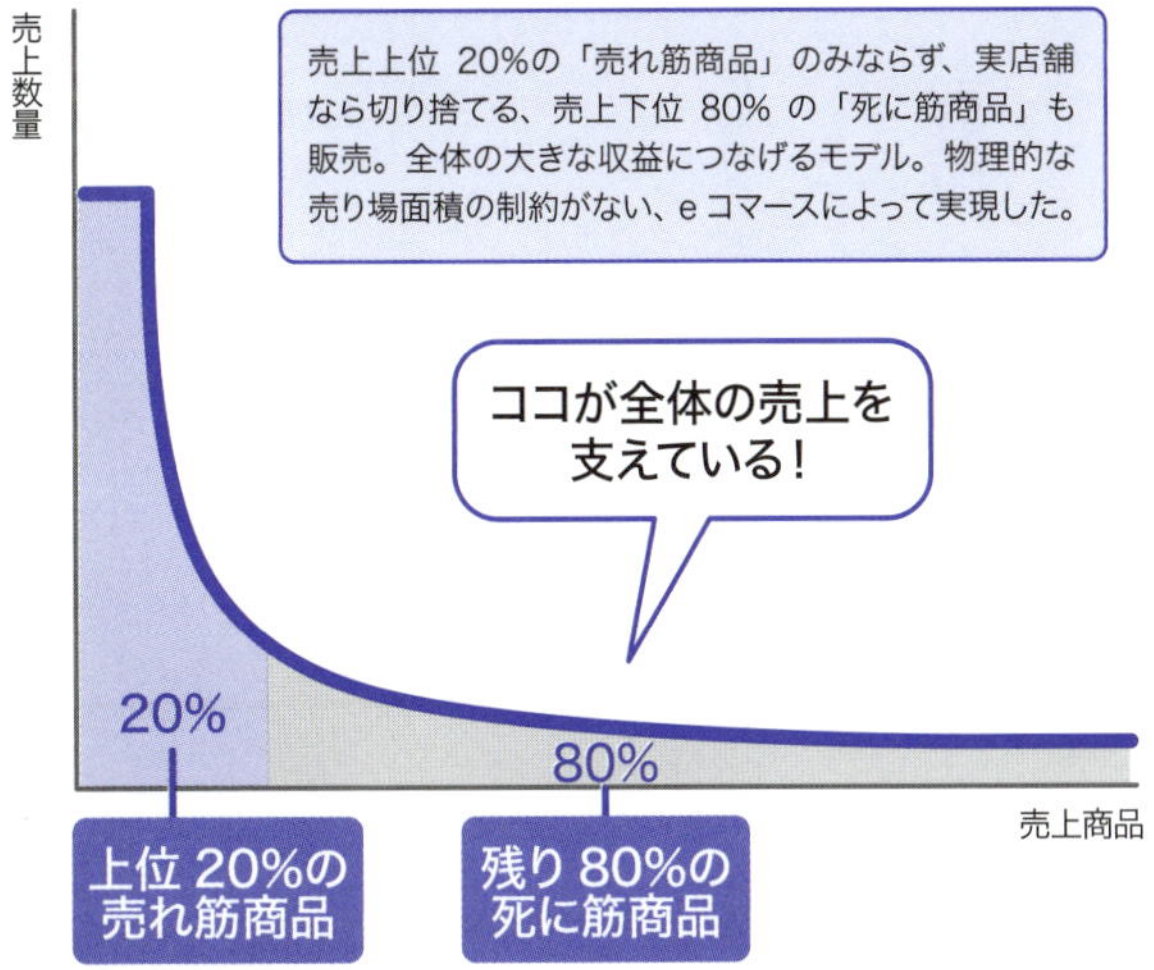
売上数量
売上上位 20%の「売れ筋商品」のみならず、実店舗なら切り捨てる、売上下位 80% の「死に筋商品」も販売。全体の大きな収益につなげるモデル。物理的な売り場面積の制約がない、e コマースによって実現した。
ココが全体の売上を支えている！
20%
80%
売上商品
上位 20%の売れ筋商品
残り 80%の死に筋商品

※参考『平成18年版 情報通信白書』（総務省）

要点

提案できる価値

希少品なども含めて何でも買える。

儲かる仕組み

「何でも揃う場」となり集客力があがる。ECサイト、プラットフォーム化でコストを低減。

大ヒット商品やベストセラー商品が、まるで恐竜の頭のように首をもたげます。ところが右にいった途端に、急降下。その先には売上数が微々たるアイテムが並び、しかし延々と恐竜の〝長い尻尾（ロングテール）〟のように続きます。

まさに「チリも積もれば山となる」。この**死に筋商品の売上の蓄積がいつしか売れ筋商品に匹敵する、あるいは凌駕するほどの長く大きな売上にまでつながる**、というわけです。

▼満たされなかった消費者の「アレが欲しい」を埋める

ロングテールが成立するのは、〝ほぼ〟ネットの世界に限られています。

ご存じのように、従来、小売店では一部の人気商品が売上のほとんどを占めます。店舗面積や在庫コストといった物理的な制限があるからです。「1年に1個売れるか売れないかわからない商品」を店に置くと、そのせいで「売れる

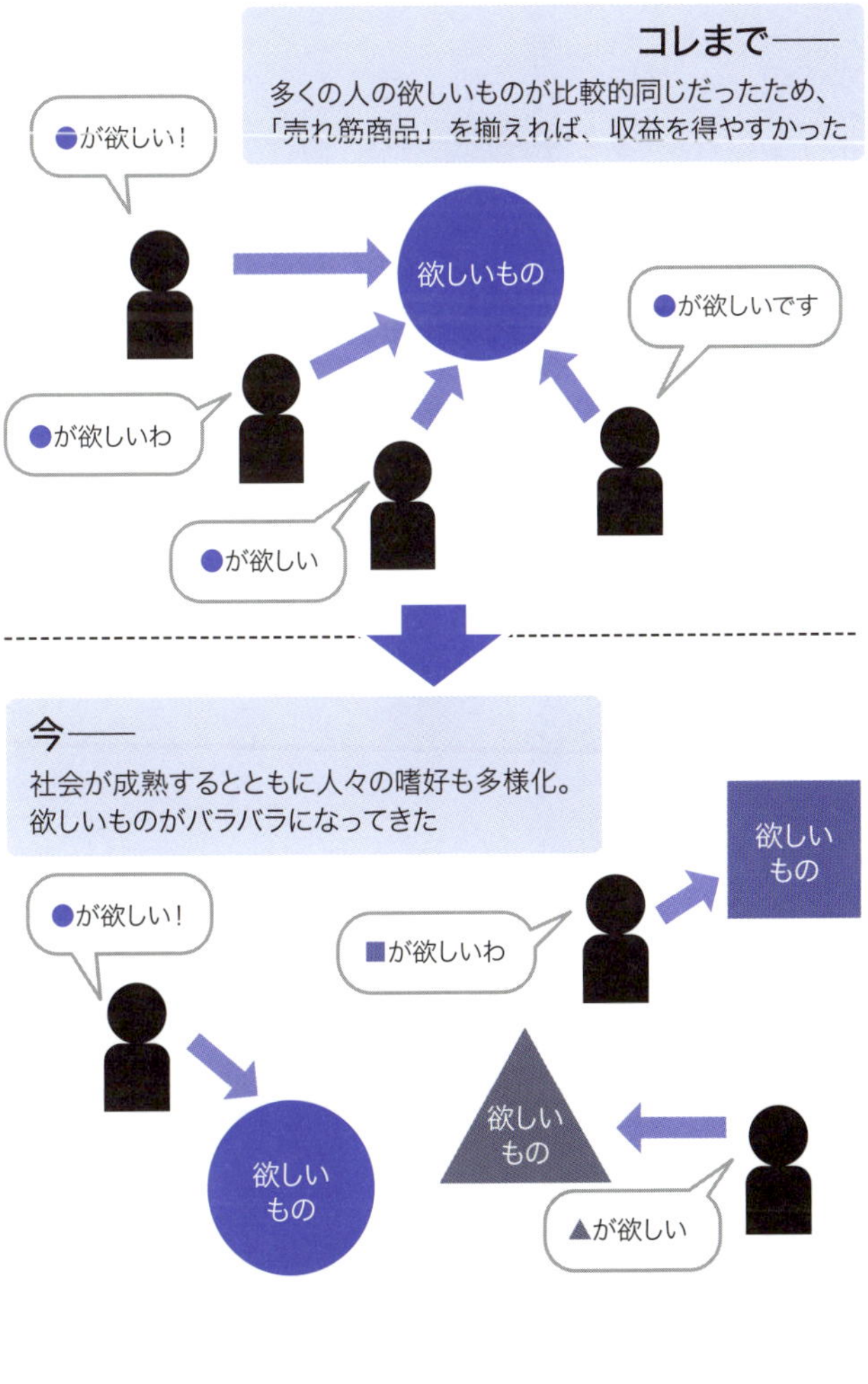
コレまで——
多くの人の欲しいものが比較的同じだったため、
「売れ筋商品」を揃えれば、収益を得やすかった
●が欲しい！
欲しいもの
●が欲しいです
●が欲しいわ
●が欲しい
今——
社会が成熟するとともに人々の嗜好も多様化。
欲しいものがバラバラになってきた
欲しいもの
●が欲しい！
■が欲しいわ
欲しいもの
欲しいもの
▲が欲しい

商品が置けなくなる」というわけです。だからセブン‐イレブンなどに代表されるPOSデータに基づいた販売管理手法、いわば「売れ筋商品を絞って揃える」ことが最も合理的なビジネスモデルだったわけです。

しかし、ネットでは店舗の陳列スペースは無限大に等しい状態になります。もちろん倉庫は必要ですが、ネット通販サイトならば、商品画像と商品解説をほぼ無限に置き続けることができるからです。リアル店舗では泣く泣くはずした商品も、ネット上であれば「置き続けること」ができる。**「あそこなら（売れ筋だけではなくて）何でも揃う！」という魅力を生み出せる**わけです。

嗜好の多様化が進みヒット商品が生まれづらくなった昨今、ネット通販によるロングテールは、かなえられなかったニーズを満たすことになったわけです。

物販サイトだけではなく、在庫コストが圧倒的に低い音楽や動画、電子書籍などのネット配信ビジネスも、ロングテールの代表です。

▼成功のカギは「マッチング」と「効率化」

もっとも、インターネット上に商材を置けば、当然のようにロングテールモデルが成立するわけではありません。必須条件が2つあります。

1つ目はニッチ商品を欲しがる消費者に商品があることを伝える「マッチング」です。死に筋を売れる……といってもニッチなニーズを持つ顧客に確実にリーチしなければ、死に筋はやはり死に筋のままだからです。

2つ目は「効率化」です。物販業では、やはり在庫コストも物流コストもかかります。そこで**ロングテールで成功している通販サイトの多くが「プラットフォームモデル」も導入**しています。外部から自社サイトの出店者を募り、商品数を拡大。在庫や発送を任せることでコストを抑えているのです。

マッチングと効率化。この2つがロングテール成功のカギです。

BUSINESS MODEL

03

老舗カミソリメーカーの手法にならった定番ビジネスモデル

ジレットモデル

POINT 本体は安く提供し、消耗品や付属品で長期的にコツコツ稼ぐ

▼替え刃で儲けるビジネスモデル

ジレットモデルとは、**商品の本体となる部分を格安もしくは無料で提供し、付属品・消耗品を継続的に売ることで利益を得るビジネスモデル**です。カミソリメーカーのジレット社が採用したことで世の中に広まったことから、そう名付けられました。アメリカでは、「Razor-Razorblade Model」「Razor and blades business model」とも言われます。

ジレットモデルとは、商品の本体を格安か無料で提供し、付属品・消耗品を継続的に売ることで利益を得るビジネスモデル

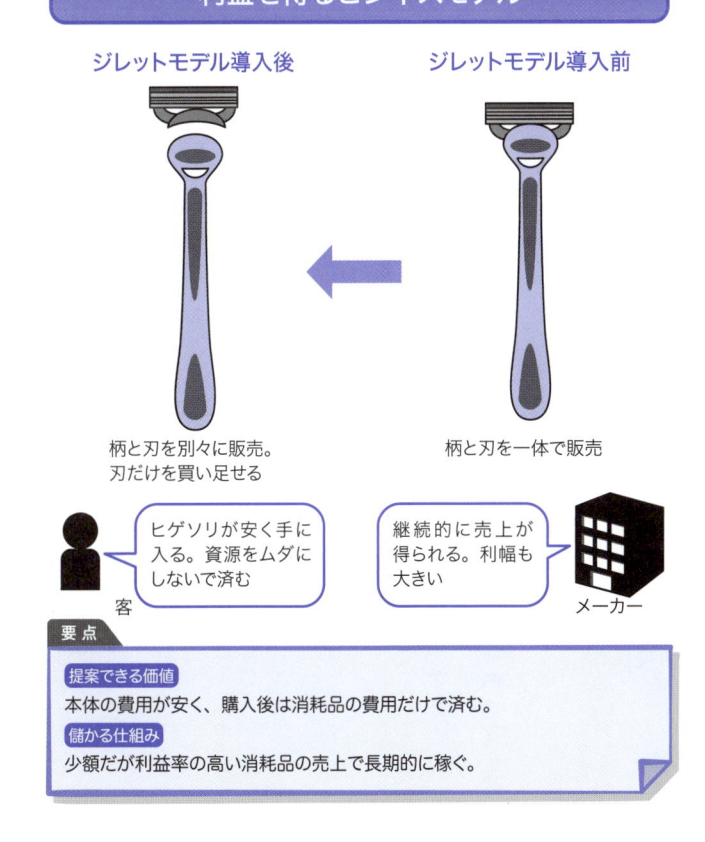

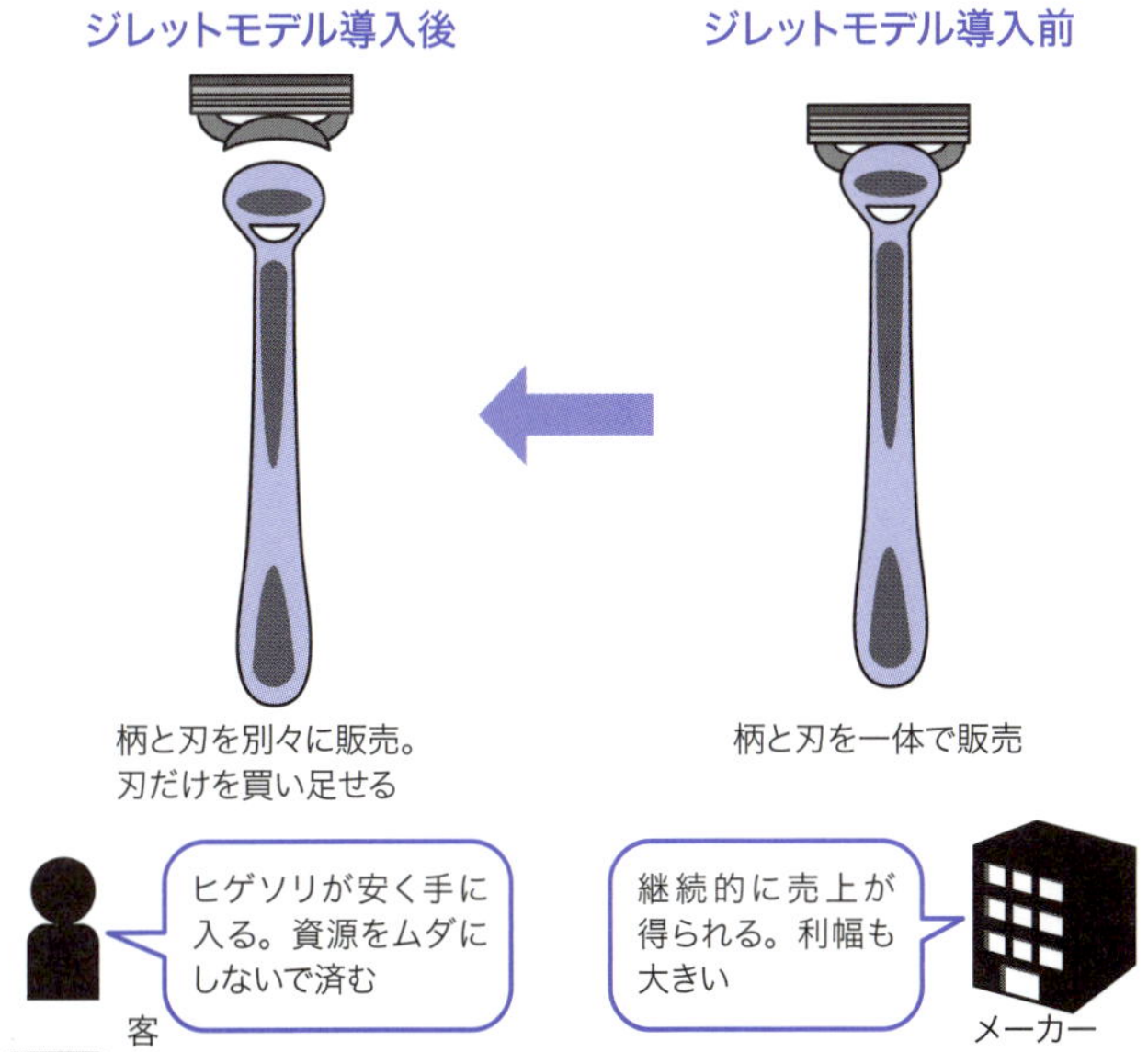
ジレットモデル導入後
ジレットモデル導入前
柄と刃を別々に販売。
刃だけを買い足せる
柄と刃を一体で販売
ヒゲソリが安く手に入る。資源をムダにしないで済む
客
継続的に売上が得られる。利幅も大きい
メーカー

要点

提案できる価値

本体の費用が安く、購入後は消耗品の費用だけで済む。

儲かる仕組み

少額だが利益率の高い消耗品の売上で長期的に稼ぐ。

男性用ヒゲソリは柄と替え刃が別々に売られていますが、柄の部分で儲けるのではなく、替え刃を継続的に売ることで利益を得ることを狙っています。

現在、この男性用ヒゲソリの販売スタイルは当たり前ですが、かつては柄と刃が一体化した商品しかありませんでした。そこでジレットが、柄と刃を別々に売るモデルを始めたのです。最初に柄を買い、あとは刃だけ買い足せば、一体型を買うより安く済みます。また、ジレットが柄を安く売ったので、お客はジレットタイプを選ぶようになりました。

一方、カミソリメーカーにとっても、ジレットモデルは良いことずくめでした。替え刃だけだと、**一体型より安く買えるように見えますが、その錯覚を利用して、一体型のときよりも利益を乗せられます**。

また、自社の替え刃しか装着できなくすれば、自社の替え刃を買い続けてもらえます。すなわち**顧客の囲い込みもでき、売上が継続的に得られる**わけです。

本体の柄をタダ同然で売ったとしても、替え刃を売り続けていれば、十分に利益が得られました。

▼コピー機など多くの業界で導入される

ジレットモデルは、さまざまな業界で使われるようになりました。

コピー機はその代表でしょう。ゼロックス社が、コピー機本体をリースやレンタルなどによって低料金で導入できるようにし、コピー枚数に応じた月々の使用料金やインクトナーなどで稼ぐモデルをこの業界に持ち込み、今では一般的な手法として定着しています。インクトナーで継続的に稼ぐということでは、パソコンのインクジェットプリンターも同じですね。

その他のジレットモデルの導入例を、次ページにまとめました。多様なビジネスで用いられていることがおわかりいただけるでしょう。

ジレットモデルの使用例

本体	付属品・消耗品
ヒゲソリの柄	替刃
コピー機	コピー使用料 インクトナー
パソコンのプリンター	インクトナー
コーヒーメーカー	コーヒー豆
ウォーターサーバー	水
携帯電話	月々の通話料 パケット料金
ゲーム機	ゲームソフト

ヒゲソリやプリンターなどで知られる定番モデル。どれも本体が格安か無料で流通・普及し、その付属サービスで収益をあげる。

ジレットモデルの問題点とは

ジレットモデルは、売り手と買い手の双方にメリットのあるモデルに見えますが、現実には、買い手が不満を抱いているケースが見られます。

たとえば消耗品が高価なケース。インクジェットプリンターのインクトナーを買い換えるたび、その高さにウンザリしている人は少なくないでしょう。

また、本体部分の互換性がないこと。男性用ヒゲソリの新製品の替え刃は、従来の柄が使えないことがよくあります。せっかく購入した替え刃に互換性がなく、腹を立てた経験のある人もいるのではないでしょうか。

本来、**ジレットモデルは長期間かけてジワジワと利益を回収するモデル**ですが、2つの例はいずれも短期での回収を狙った行為といえます。**短期での回収は、ブランドイメージの悪化につながることもあるので、注意が必要**です。

フリーミアム

クリス・アンダーソンが『FREE（フリー）』で解説したビジネスモデル

POINT
無料版で利用者を増やし、数パーセントの有料版の利用者で稼ぐ

▼ネット時代の新たな無料ビジネスの形

フリーミアムとは、まず**サービスや製品を無料（フリー）で提供して多くの顧客を獲得し、ユーザーの一部に高度な機能や使い勝手のいいプレミアム版を購入してもらうビジネスモデル**のことを言います。

そもそも「フリー（無料）」と「プレミアム（割り増し）」を合わせた造語で、アメリカのベンチャー投資家フレッド・ウィルソンが広めたもの。また72ペー

フリーミアムとは、無料サービスを提供することでユーザー数を増やし、一部のユーザーを付加価値の高い有料サービスへ誘い、利益を出すモデル

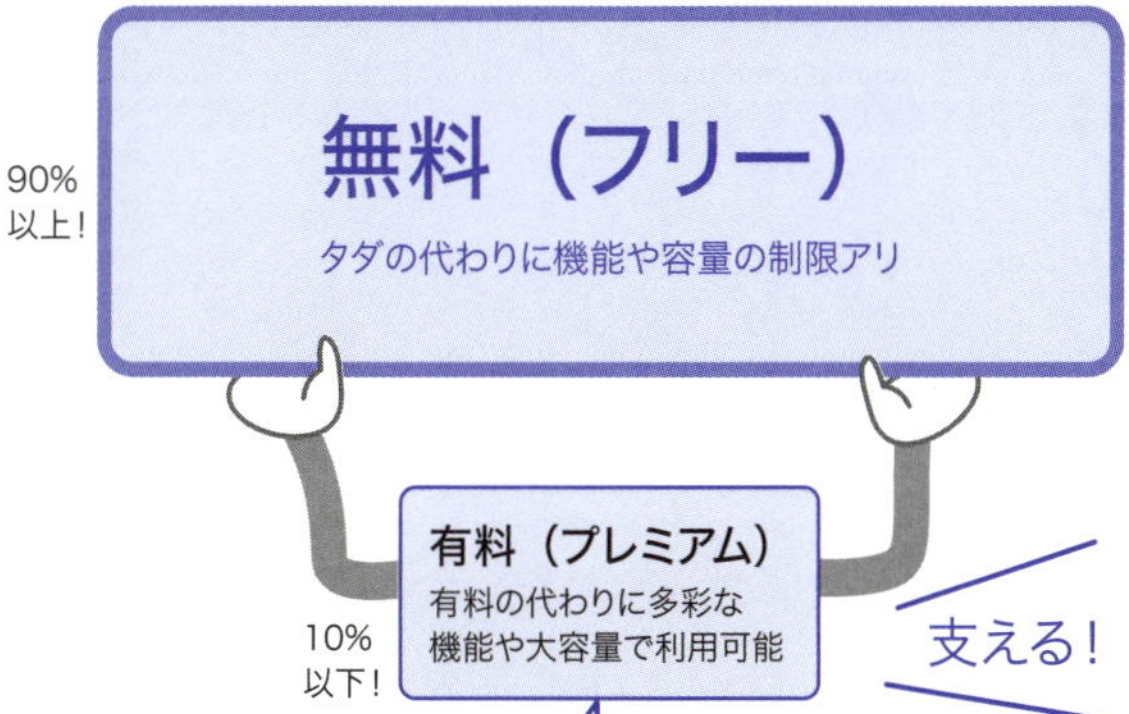

無料ユーザーが9割以上を占め、1割に満たない有料ユーザーからの売上で収益をあげているのが特徴。限界費用（生産量を一単位増やしたときに増える費用）が極めて低いインターネットだからこそ可能

要点

提案できる価値

無料で利用できるサービス／有料の付加価値サービス。

儲かる仕組み

無料で顧客を囲い込み、コアユーザーに利便性の高い有料サービスを提供する。

ジでも登場したクリス・アンダーソン著の**『FREE（フリー）』というベストセラー書籍に詳しく解説され、急速に知られるように**なりました。

フリーミアムの代表といえば、無料インターネット電話「スカイプ」や、画像共有サービス「フリッカー」、あるいは「エバーノート」「ドロップボックス」といったクラウドサービスが挙げられます。

それぞれ無料のサービスとして人気を博していますが、たとえばスカイプには一般電話と通話できる有料版が、フリッカー、エバーノート、ドロップボックスには利用できるデータ量が大量になる有料版があります。このプレミアム版の利益によって、無料版のサービスが支えられているわけです。

これまであった「フリー」モデルとの違い

もっとも、フリー（無料）のビジネスモデルはこれまでもありました。たとえば民放のテレビやラジオ、さらにフリーペーパーといった媒体も無料です。視聴者や読者ではなく広告主からの費用で利益を得るという「三者間販売」もフリーを活用したビジネスモデルというわけです。

またビジネスモデルとは言いがたいのですが、スーツ量販店の「2着目無料」や、宅配ピザの「2枚目無料」サービスも無料を押し出したビジネスです。この手法は「値引き販売」の亜流で、「50％オフ！」と銘打つよりも「無料！」としたほうがインパクトが高い、という巧みなキャッチコピー術ともいえます。

商品を配布する「無料サンプル」もフリーミアムに近く、ジュースや化粧品などをタダで配り、その商品の良さに触れてもらうことで、購入を促すわけです。ただ無料サンプルとフリーミアムの間には決定的な差があります。

それは、**無料ユーザーと有料ユーザーの比率がまったく異なる**ことです。

▼どれだけ低いコストでサービスを提供できるかがカギ

無料サンプルでは、通常、無料で配布する商品は極少量です。無料配布分のコストを回収するのは容易ではないためです。しかし、**フリーミアムの場合、デジタルのコンテンツやサービスなので無料分のコストが圧倒的に少なくて済む**という特徴があります。そのため無料ユーザーがどれだけ増えても、ごくわずかな有料ユーザーで十分収益があげられる、というわけです。

エバーノートにせよフリッカーにせよ、先述したフリーミアムを実践する企業でも、たいてい**無料ユーザーが9割以上。1割に満たない有料ユーザーからの課金で利益をあげている**のです。成功のカギはまさにここ。いかに無料ユーザーにかかるコストを下げられるか。また、無料から有料への移行を促すための両者の魅力的な差別化、高すぎないハードルを用意することも必須です。

フリーミアムを実践している企業

ドロップボックス

パソコンのフォルダをクラウド上に保存可能。いつでもどこでもデータを読み込めるようになる。無料版は容量が限られるが、有料版にすると大幅に増量される。

スカイプ

2003 年創業の無料電話サービス。インターネット回線を利用することでパソコン同士（またはスマホ）の会話を無料に。有料サービスを利用すると固定電話への通話もかけ放題になる。

Flickr（フリッカー）

画像投稿サイトであり、写真の共有を目的としたコミュニティサイト。写真をウェブ上で整理・分類・展示できるほか、他人と共有して互いにコメントを書き込むこともできる。有料版は広告表示がなくなる。

AVIRA

無料で利用できるパソコン用ウイルスソフト。ただし、無料版は起動するたびに有料版の広告が出る。一部機能が使えないなどの制限がある。

従来の「無料サンプル」などと違い、コンテンツやサービスの提供が IT 化によってコストダウンできたので、無料ユーザーのほうが圧倒的に多くても、少数の有料ユーザーで利益をあげることが可能になった。

ノンフリル

LCCに代表される装飾（フリル）がないビジネスモデル

POINT 必要最小限のサービスに絞り込むことでムダを嫌う客の支持を得る

▼食事や飲み物は有料だが、安く飛行機に乗れる「LCC」

なくても支障がない**余剰サービスを極力省き、コアのサービスだけを、質を下げることなく、低価格で提供**する。そんなビジネスモデルが「ノンフリル」です。ノンフリルは「装飾（フリル）がない」という意味です。

このビジネスモデルの代表例は、ＬＣＣ（ローコストキャリア）でしょう。

その元祖は、１９６７年に創業したアメリカのサウスウエスト航空。共同創

ノンフリルとは、
余剰サービスをできるだけ省き、
コアのサービスを、質を下げることなく、
低価格で提供するビジネスモデル

一般的な航空会社とLCCの比較

	一般的な航空会社	LCC
座席	広い	狭い
座席指定	無料	有料 or できない
機内食	料金に含まれる	別料金
ドリンク	料金に含まれる	別料金
預け手荷物	無料	有料
機内エンターテインメント	無料	有料

要点

提案できる価値

必要最小限のサービスを質を下げずに安く提供。

儲かる仕組み

単価は低いが高利益率の商品・サービスで、利益を得る。

立者のハーバート・ケレハーらが「高額な航空運賃を安くできないか」と、必要性の低いサービスを省いた、ノンフリルな航空機の運航に乗り出しました。その後、アイルランドのライアンエアーやオーストラリアのジェットスター、マレーシアのエア・アジアなど、世界各地でＬＣＣが誕生しました。

サービスの省き方は、企業によってさまざまです。多くの会社で見られるのは、座席の幅を従来よりも狭くすること。一人でも多くの乗客を乗せるために、快適さを多少犠牲にしています。サウスウエストは、座席幅はとくに狭くはしていませんが、全席自由席で、座席指定はできません。

ほとんどのＬＣＣで実施しているのは、食事や飲み物の提供、機内エンターテインメントなどの機内サービスの有料化。手荷物預かりも有料にしている会社も少なくありません。また、発着料の高い都心部の空港ではなく、不便な郊外の空港を発着地に選んでいる航空会社も多く見られます。

このように、**あの手この手でコストを削減して、航空券を安くすることに成功。「とにかく安く移動したい」という人の心をつかみました。**

近年は、日本でもＬＣＣが登場し、国内なら数千円、海外でも場所によっては１～２万円で航空券が買えます。すでに利用し、安さを実感した人もいることでしょう。

ノンフリルは「安かろう・悪かろう」ではない

今では、ノンフリルは、ビジネスホテルやフィットネスクラブ、理美容室など、多様な業界に広がっています。長く続いた景気低迷によって「自分にとって不要なサービスや機能にお金を払いたくない」と考える人が増えたことが、その背景にあるのでしょう。

ただ、勘違いされやすいのですが、ノンフリルとは、単なる安かろう悪かろうのサービスを提供することではありません。ポイントは、**あくまでコアとなるサービスの質は下げない**こと。そうでないと、利用されません。いかに安価な美容室でも、カット技術がボロボロでは二度と利用しないでしょう。

サウスウエスト航空は、飛行の質を保つために、パイロットやＣＡの人件費は絶対に削らないといいます。また、機体をボーイング７３７に統一することで、パイロットや整備士の効率をあげています。

ＱＢハウス（１７０ページ参照）は、理美容師スタッフが技術を学べる研修制度を整えています。

コアになるサービスの質を高める工夫があるかどうかが、長く支持を得られるかどうかの境界線といえるでしょう。

ノンフリルを実践している企業

スーパーホテル（ビジネスホテル）

残す！ 質の高いベッドや枕

省く！ チェックアウト、電話

IKEA（家具）

残す！ デザイン性の高い家具

省く！ 華美な店内装飾、自社組み立て、店内での商品の運搬

ＱＢハウス（理美容）

残す！ カット

省く！ シャンプー、ヒゲソリ、ブロー、予約

カーブス（フィットネス）

残す！ フィットネスマシーン

省く！ プール、シャワー、鏡

いずれも必要性の低いサービスを省くことで、コアのサービスや商品を安く提供している。

戦略的にバリューチェーンを解体するビジネスモデル

アンバンドリング

POINT ビジネスの特色ごとにバリューチェーンを解体し、特化する

▼解体のポイントは「ビジネスの特色」

アンバンドリングとは、ビジネスの特色によってバリューチェーン（企業活動の川上工程から川下工程までの一連の業務の流れ）を解体（アンバンドリング）し、その特定の業務だけに特化するビジネスモデルです。

ビジネスの特色によってバリューチェーンを分けるというコンセプトは、ジョン・ヘーゲル3世とマーク・シンガーが『アンバンドリング：大企業が解

アンバンドリング

**アンバンドリングとは、
ひとつの企業のバリューチェーンを、
ビジネスの特色ごとの小さなバリューチェーンに
解体し、その特定の業務だけに特化するモデル**

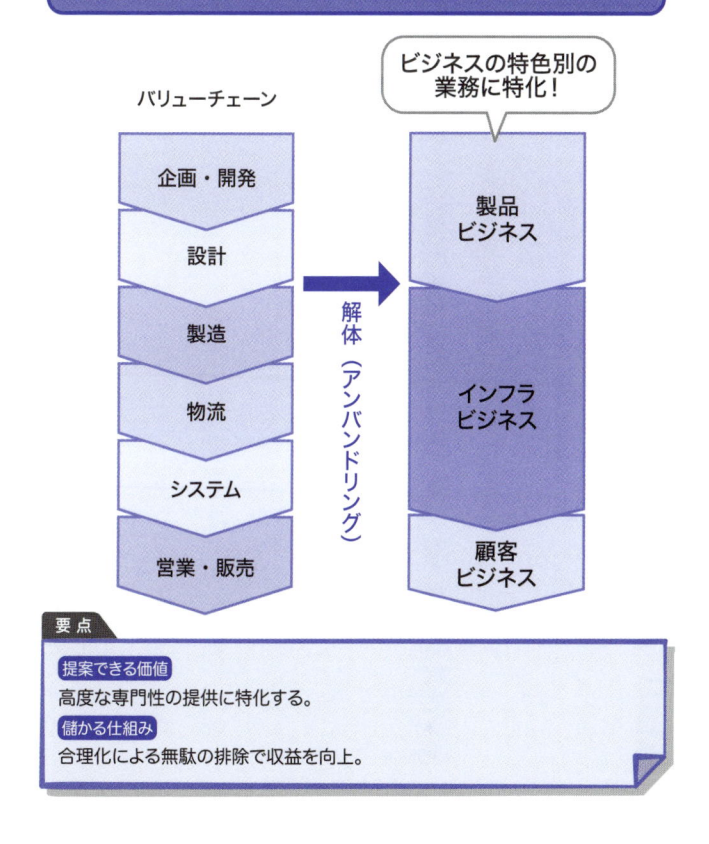

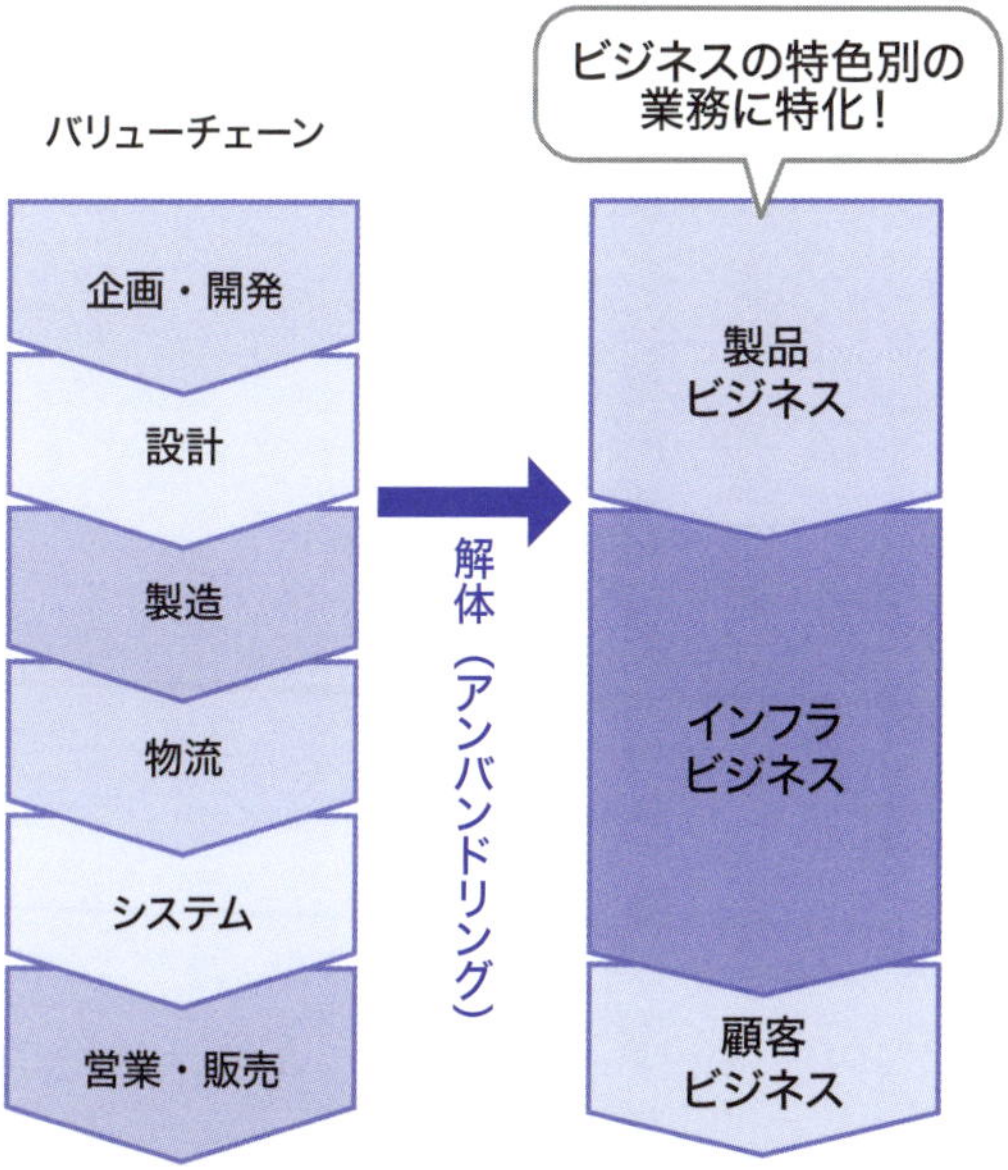

要点

提案できる価値

高度な専門性の提供に特化する。

儲かる仕組み

合理化による無駄の排除で収益を向上。

体されるとき』（ハーバード・ビジネス・レビュー・2000年5月号）のなかで初めて提唱しました。

アンバンドリングは、これまでも盛んに行われていました。ただし、目的やきっかけは「規制緩和によってライバルが増えるので不得意な分野は別会社にする」「儲からない仕事はアウトソーシングする」といった環境の変化や収益の悪化にありました。JRや日本郵政のように、政府によって強制的に解体された例もあります。

このような**アンバンドリングを戦略的に行えるように、ヘーゲル3世とシンガーは「ビジネスの特色」という基準を設けた**といえるでしょう。

顧客ビジネス、インフラビジネス、製品ビジネス

それでは、**ビジネスの特色とは何でしょうか。それは、「顧客ビジネス」「イ**

ンフラビジネス」「製品ビジネス」の3つです。「顧客ビジネス」は、顧客のニーズに即した商品やサービスを見つけて顧客に結びつける仕事です。専門知識を生かして企業と渡り合う顧客の代理人ともいえます。「製品ビジネス」は、創造的な新製品やサービスを開発することです。「インフラビジネス」は、物流、製造、取引処理など、毎日の業務を支える設備を管理する業務です。

3つのビジネスはそれぞれ「求められるスキル」「経済原理」「組織文化」が異なります。たとえば「顧客ビジネス」は時には社内の規則を無視してでも、顧客に最高の満足を与えることが重要です。逆に「インフラビジネス」では「標準化」が重要で「例外」などあってはならないことです。「製品ビジネス」の最重要課題はアイデアが生まれやすく優秀な人材を集めやすい環境づくり。他の2つとは考え方の軸が違います。このような異なるビジネスを一つの組織が手がければ、組織に矛盾が出たり、妥協が生まれたり、効率が悪くなったりします。ですから、**特色が違うビジネスは別会社にするなど切り離したほうが、むしろそれぞれが強い企業になれる**というわけです。

▼アンバンドリングの次は「リバンドリング」

ビジネスの特色によってバリューチェーンを分けていくと、最終的には小さな会社だけの世界になりそうですが、**アンバンドリングが進むと、それぞれの企業を持つビジネスの特色、強みがはっきりするので、逆に同じようなビジネスの特色の企業同士が統合する＝リバンドリングが進み**ます。たとえば、保険商品の相談業務に特化した「ほけんの窓口」のような会社と、健康問題の相談に特化した会社、さらに結婚相談に特化した会社などが統合して、「巨大相談会社」が誕生するといった具合です。アンバンドリングは、このように将来のリバンドリングも含んだモデルなのです。

アンバンドリングを実践している企業

星野リゾート

リゾナーレ小淵沢、アルツ磐梯をはじめ破たんしたリゾート、旅館の再生を得意としている。宿泊施設は所有せず、コンセプトの策定からオペレーションまで運営に特化した事業で大成長。

セブン銀行

セブン-イレブンとイトーヨーカ堂に設置されたATM中心の銀行。24時間全国580社以上の金融機関のカードが使える利便性が武器。銀行の代表的な業務である貸付業務は行っていない。

日本の電力会社

これまでは発電、送電、配電、小売といった機能を各地域の電力会社が独占してきたが、2016年には電力小売の参入を全面自由化。2018～20年に電力会社の発電と送電部門を別会社にして「発送電分離」を実現させる予定。これもアンバンドリングの一種。

ほけんの窓口グループ

35社の生保・損保商品を扱う来店型ショップ。「ほけんの窓口」「みんなの保険プラザ」「ほけんの専門店」の屋号で展開。保険会社各社の販売部分に特化することで躍進中。

GAPやユニクロに代表される垂直統合型のビジネスモデル

SPA（エス・ピー・エー）

POINT 企画・製造・販売を小売主導で手がけ、より良い商品をより安くスピーディーに提供する

「メーカー」主導から「売り場」主導へ

SPAとは、主にファッション業界を中心に浸透したビジネスモデルで、SPAが「製造小売業」と訳されるように、**洋服やファッション雑貨を扱う小売業が製品の企画・デザインから製造、販売までを主導して手がけること**を指します。小売主導の「垂直統合」モデルともいえるでしょう。ある意味、前項の「アンバンドリング」の逆をいくビジネスモデルです。

SPA（エス・ピー・エー）

**SPA モデルとは、
小売業が企画から販売までを統合して、
スピーディーに値頃感のある商品を
提供するビジネスモデル**

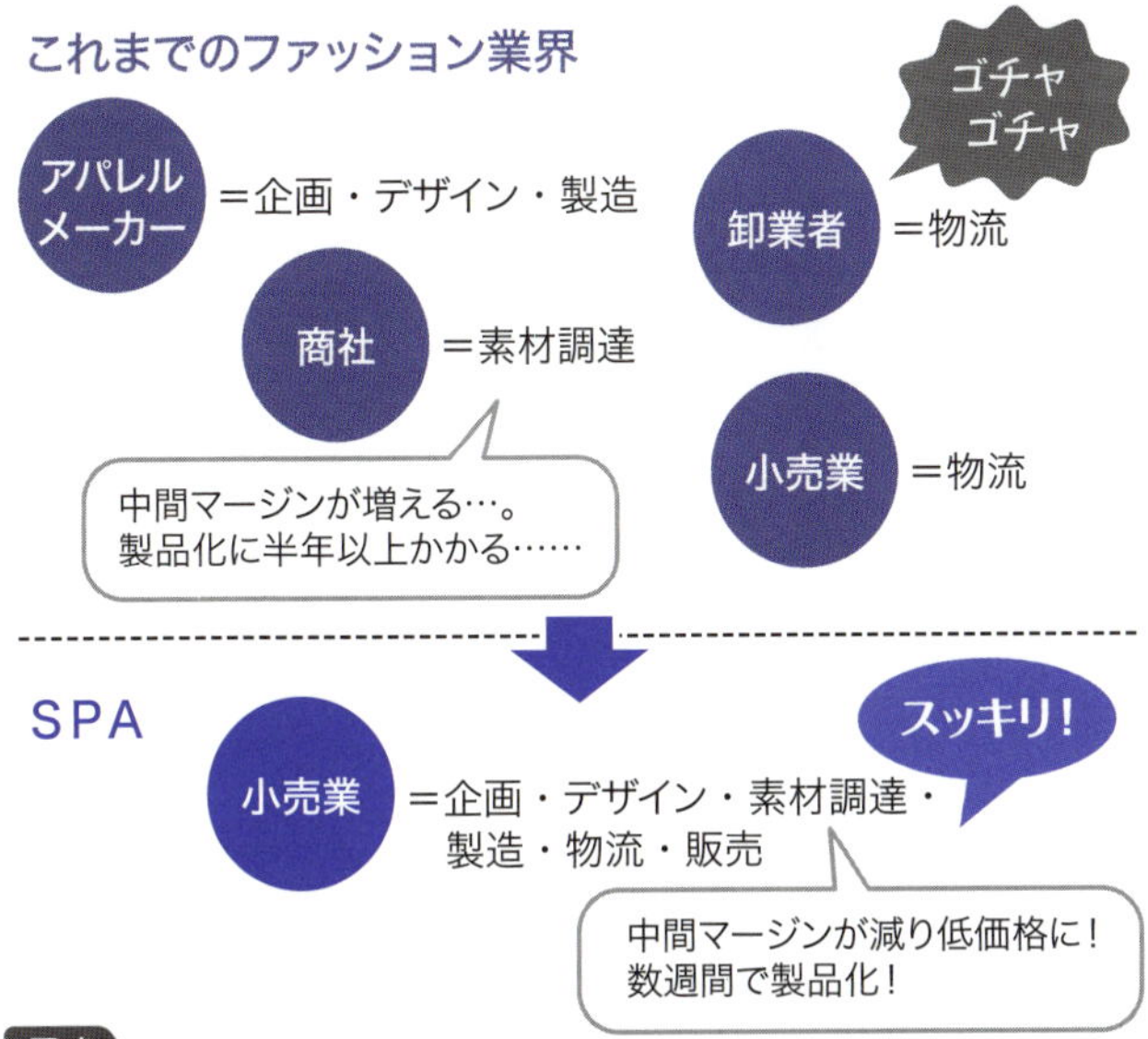

要点

提案できる価値

品質の割に安い商品を、素早く提供する。

儲かる仕組み

企画から販売まで一気通貫で仕切ることで利益率を上げる。

従来、ファッション・ビジネスは、アパレルメーカーが企画・デザインを担当し、素材は商社が調達し、流通は卸業者が手がけて、小売店が売るという完全な「水平分業」型産業でした。

流行の激しいファッション業界はリスクが高いので、既存の水平分業のほうが、リスクを分散できるメリットがありました。しかし、「企画から店頭に並ぶまでの時間がかかりすぎ、流行をつかみづらい」、何より「各段階で中間マージンが発生し、価格が高くなる」というデメリットがありました。

これらのデメリットはそのまま、「魅力的な商品が少ない」「品質の割に高い」というファッション製品に関する消費者の不満になっていたわけです。

リスクを背負ってこうした不満を解消したからこそ、ＳＰＡは消費者の多大な支持を得ているわけです。ＳＰＡには、ＧＡＰ、ユニクロ、Ｈ＆Ｍ、ＺＡＲＡ、フォーエバー21など、グローバルに活躍する企業が数多くあります。

ファストファッションは、SPA第2世代

そもそもＳＰＡの先鞭とされているのは、アメリカのＧＡＰです。今や全世界に３０００を超える店舗を持つカジュアル衣料チェーンの巨人。その前身はサンフランシスコにあるリーバイスを扱う小さなジーンズ衣料店でした。「自分の体型にフィットしたカジュアルウェアを気軽に楽しみたい」という西海岸のベビー・ブーム世代のニーズを肌で感じていた創業者のフィッシャー夫妻は「幅広いサイズを常に取り揃える」ことを目指していました。

しかし、仕入れ商品だけではサイズ展開が不十分。また仕入れている以上、小売価格も自由に設定できません。そこで徐々に自社のオリジナル商品を増やし、ＳＰＡへと変化を遂げていったのです。

こうして「値頃感のある」「豊富なサイズがある」ＧＡＰは多大な支持を受け、巨大化。そして１９８７年の株主総会で、当時会長だったドナルド・

フィッシャーが、自社の営業業態を「Speciality store retailer of Private label Apparel」と明言したことが「ＳＰＡ」の語源となったのです。

　そのＧＡＰや日本のユニクロなどは、ＳＰＡを活用した安さを主軸に伸びてきた事例になりますが、スウェーデンのＨ＆Ｍ、スペインのＺＡＲＡは「トレンド」に価値の主軸を置いたＳＰＡ第2世代と言われています。

　ファッションのトレンドはめまぐるしく変わるものです。それに対応するため、ＺＡＲＡは若手デザイナーを数多く抱えて、パリコレ等でトレンド情報を得たら即座に商品開発。いきなり大量に生産することはせず、トライアル的に少量から生産を始め、その後売上データを見て生産量を増やす、というスピーディーで機動的な戦術をとっています。企画から販売までのスパンはわずか15日程度と言われるほどです。こうした鮮度の高さはＳＰＡでしかなしえません。**ＳＰＡ第2世代が「ファストファッション」と言われる**ゆえんです。

SPAを実践している企業

ニトリ

「お、ねだん以上」のコピーで知られる家具販売チェーン。ベトナム等の自社工場での製造のみならず、コンテナ船も自社で手配するなど徹底したＳＰＡ戦略で、安さと品質の両立を図り、成長を続けている。

ワールド

オゾック、インディヴィ、アンタイトルなど多くのブランドを持つアパレルメーカー。昔ながらの卸中心の業態だったが、90年代から、小売側から商品企画〜製造まで一気通貫に生み出すＳＰＡスタイルを標榜して成功を収めた。

JINS

「PC用メガネ」や「花粉カットメガネ」など斬新な商品とともに、薄型非球面レンズ付き4,990円〜という圧倒的な低価格で人気のメガネチェーンもSPA企業。徹底して中間マージンをなくしたことが低価格の礎だ。

カインズホーム

全国に200弱の店舗を持つホームセンター。同業他社に比べてプライベートブランドが多く、「安くて高品質」で支持を受ける。売上高構成比の４割をプライベートブランドが占めるという。

オープンビジネスモデル

「オープン・イノベーション」という考えを元にしたビジネスモデル

POINT
社外とのコラボレーションによって、イノベーションを起こす

▼自社だけでは得られないスピーディーな研究開発を

オープンビジネスモデルとは、**自社のみならず社外とのコラボレーションによって新しい価値を作り出し、これまで以上の利益を得る**ビジネスモデルのことです。2003年、カリフォルニア大学バークレー校のヘンリー・チェスブロウが掲げた「オープン・イノベーション」という考え方が元になります。

新技術、新製品の研究開発は、自社で独占するものでクローズドな環境で行

オープンビジネスモデルとは、自社だけではなく他者のアイデアや技術を組み合わせて、新しい価値ある製品やサービスを生み出すビジネスモデル

オープンビジネスモデルによる研究開発

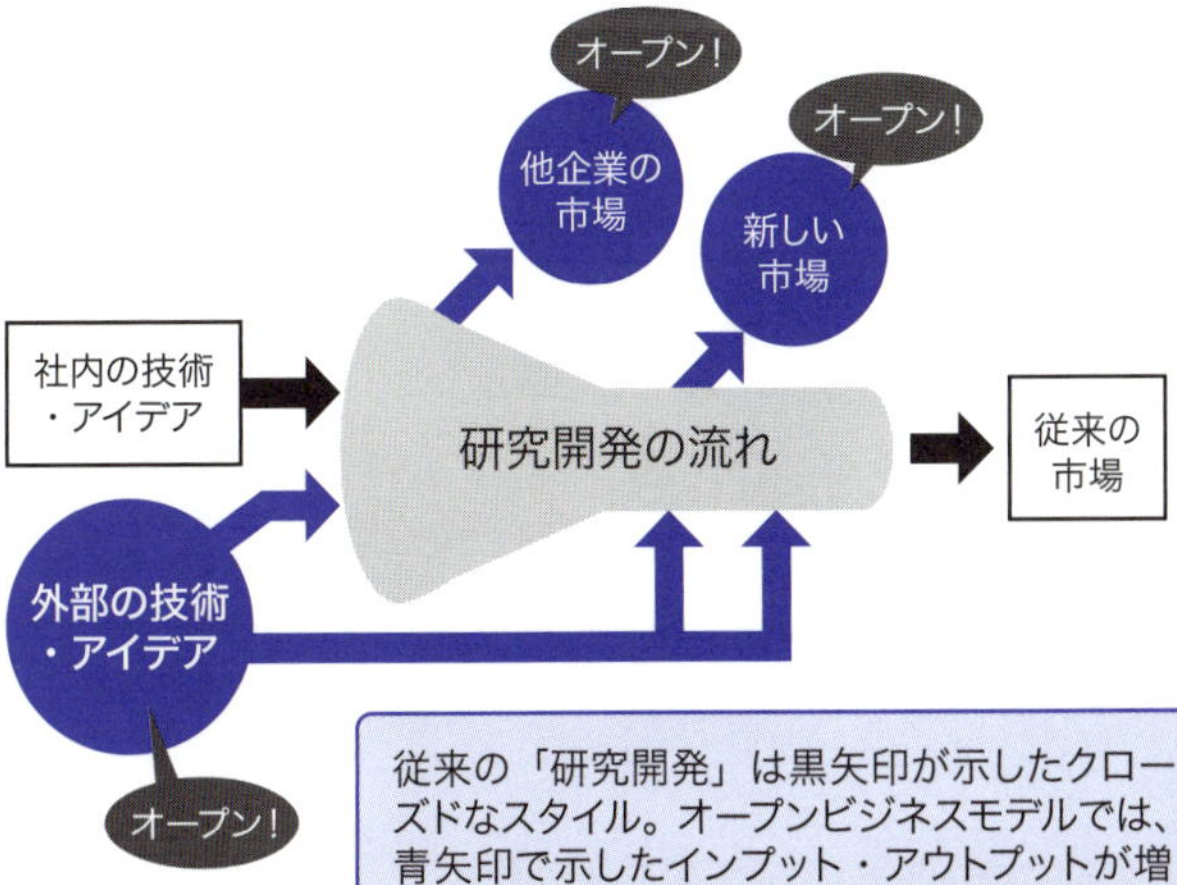

従来の「研究開発」は黒矢印が示したクローズドなスタイル。オープンビジネスモデルでは、青矢印で示したインプット・アウトプットが増え、新市場やイノベーションを呼び込む。

要点

提案できる価値

社内でのアイデアや技術をオープンに提供し、高付加価値な商品・サービスを提供。

儲かる仕組み

製品・サービスの供給先が増える。自社だけで成し得ないアイデアを実現することも。

うのが定石でした。しかし、近年、技術や製品のライフサイクルが短くなり、研究開発のスピードがより求められるようになりました。そこで自社の技術をオープンにして製品開発などをすることで、**自社のみでやるよりずっと早く、斬新な技術開発を促すオープンビジネスモデルに注目が集まった**というわけです。

また、そこで生まれた新技術やサービスも自社で利用するだけでなく、ライセンス提供などで市場に提供することも視野に入れるなど、何事も「開かれた状況」で行うのも、オープンビジネスモデルの特徴でしょう。

オープンビジネスモデルの種類には、大きく二つあります。

▼「インサイドアウト」で成功したインテル

一つ目は**「インサイドアウト」。読んで字のごとく、社内のアイデアや資産を社外のパートナーにオープンにする**ことで、新たな価値を生み出す手法です。

成功例はインテルです。同社は80年代に、評価は高かったものの、まだ小さかったMPU（マイクロプロセッサ）事業を一気に大きくするため、MPUとその他のモジュール部品をつなぐインターフェイスの構造技術をオープンにしました。これによって、ブランド力がなかった台湾メーカーでもインテルのプロセッサを使えるようになり、リーダー企業と同じ土俵で戦えるようになったわけです。結果、インテルの取引先は飛躍的に広がりました。パソコン筐体《きょうたい》にロゴをつけさせることを条件とした戦術も巧みだったといえるでしょう。インテルというブランド名を消費者に植えつけることに成功したからです。

▼ポテトチップスの文字もオープンビジネスモデルの結果

もう一つの成功例が、P&Gです。こちらは**「アウトサイドイン」、外部のアイデアを社内に取り込む手法**です。P&Gは90年代後半、株価が下がり、経営危機を迎えました。縦割り組織が巨大化して、世界中に分散し、研究開発がムダに増え、アイデアも埋もれがちになっていたからです。

そこでオープン化に舵を切ります。「コネクト&ディベロップ」の名のもとに、まず社内イントラネット上に、世界共通の技術開発ポータルサイト「イノベーション・ネット」を開設。生物・科学・パッケージなど１００以上のテーマの研究開発が、**違う研究部門の人間同士のチームを組んで実施され、また一部の研究テーマは社外の研究者や専門家に開示しました。結果、自社だけでは出てこない画期的な研究開発がスピーディーにできるようになりました。**

たとえば同社の人気菓子「プリングルズ」。アメリカではその１枚１枚にクイズなどを印刷した「プリングルズ・プリンツ」が人気ですが、社内の研究開発ではなく、外部研究者とのネット上でのやりとりから開発されました。パーティーで盛り上がるという新しい価値を消費者に届け、大ヒットしたのです。

オープンビジネスモデルを実践している企業

インサイドアウト！

ゴア

防風、防水、透湿という特徴を持つ素材「ゴアテックス」。開発したゴア社はそもそもポリマー素材のメーカーだが、単に素材を提供するのではなく生地メーカーと共同で防水性と防湿性を高める生地を開発。ゴアテックスは「高級なハイクラスの生地のみに採用する」ことを約束させた。結果、ゴアテックスは高品質かつ高級な生地としてアウトドア用品に多く使われるようになった。しかも「intel inside」のように「GORE-TEX」のロゴが製品に誇らしげにつき、ブランド価値を広めることになった。

アウトサイドイン！

グラクソ・スミスクライン

イギリスの巨大製薬メーカーである同社は「パテントプール」という手法でオープンビジネスモデルを実践している。これは利用していない社内の知的財産を外部の研究者がアクセスして使えるように公開。大きな市場をとれる新薬のみならず、市場は小さくとも貧困国に蔓延する病気に対する新薬などの開発につながるような仕組みにしている。

スマホの普及によって蘇ったビジネスモデル

O2O（オー・ツー・オー）

POINT インターネットからリアルな店舗へ、顧客を誘導する新しい流れをつくる

▼ネットを通じてリアル店舗へ「送客」する

Ｏ２Ｏとは「オンライン・トゥ・オフライン」の略。その名のとおり、**インターネットを介して消費者に何らかの働きかけをして、リアル店舗へ「送客」して、売上につなげる**というビジネスモデルのことです。

Ｏ２Ｏの例としてわかりやすいのは、「グルーポン」や「ポンパレ」といった共同購入クーポンサイトでしょう。レストランやホテルなどがこれらのウェ

O2Oとは、
ウェブを通してクーポンやポイントなどの付加価値を提示することでリアル店舗へと顧客を導き、成果報酬などを得るモデル

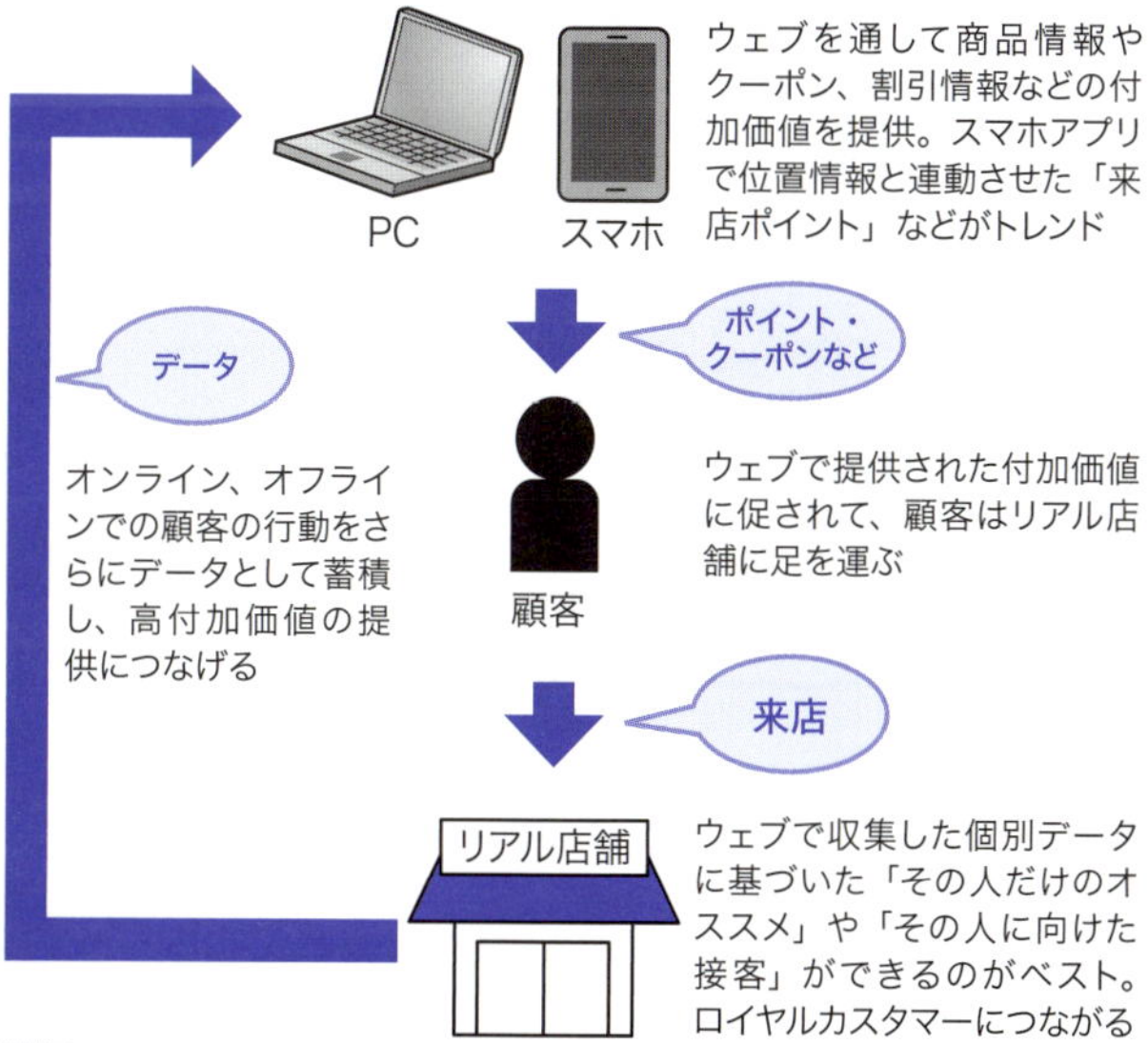
PC
スマホ
ウェブを通して商品情報やクーポン、割引情報などの付加価値を提供。スマホアプリで位置情報と連動させた「来店ポイント」などがトレンド
ポイント・クーポンなど
データ
オンライン、オフラインでの顧客の行動をさらにデータとして蓄積し、高付加価値の提供につなげる
顧客
ウェブで提供された付加価値に促されて、顧客はリアル店舗に足を運ぶ
来店
リアル店舗
ウェブで収集した個別データに基づいた「その人だけのオススメ」や「その人に向けた接客」ができるのがベスト。ロイヤルカスタマーにつながる

要点

提案できる価値

顧客に来店による割引やポイント加算などのサービスを提供する。

儲かる仕組み

集客につなげ、店舗のファンを増やし、購買機会を増やす。

ブサイトで期間限定の割引クーポンの購入者を募集、店が決めた規定人数が購入を希望した場合にそのクーポンが発行される、という仕組みです。

人数の条件を自由に設けられ、条件に合わなければ成立しないので、リアル店舗はリスクをとらずにクーポンサービスを提供できます。また、クーポンサイトという場で既存顧客とはまた別の消費者にリーチできます。一方、消費者側は非常にリーズナブルに楽しみながらサービスが利用できるというわけです。こうしてオンラインからオフラインへの流れを、店側、利用者側両方のニーズをマッチングして満たすことで実現し、運営側はマージンを得ているわけです。

▼スマホの普及がO2O普及を後押しした

この**O2Oは、最近になって誕生したモデルに見えますが、10年以上前によく使われた、ネットと現実の店舗や流通機構を組み合わせる「クリック&モル**

タル」と同じです。今なぜ「O2O」とその名を変え、ネットからリアルへの送客が注目されているのかといえば、背景にはスマホの普及があります。

スマホにより、多くの人がどこにいても簡単にネットにつながるようになりました。またスマホにはＧＰＳ機能や音波を拾うマイクがついているため、「どこにいるか」という「位置情報」もわかります。リアル店舗の近くを歩く顧客に向けて最適な来店情報を提示、来店を促せるようになった、というわけです。

典型的なＯ２Ｏモデルといえば「スマポ」でしょう。

スマホにアプリをダウンロードして、自分のデータを登録。スマポと提携した店舗を訪れると、自動的に「来店ポイント」が貯まる、という仕組みです。ポイントは各店で使える割引ポイントになります。店には強力な集客ツールとなり、顧客はお得感を得られる、というわけです。

「店は見る場所で、買うのはネット」を避けるために

Ｏ２Ｏが注目されるもう一つの背景に、「ショールーミング」と呼ばれる消費行動が増えてきたこともあります。**リアル店舗は商品の現物を確認する場として使い、実際のショッピングはネットの最安値の店でという消費行動**です。この流れが激しくなり、リアル店舗を運営する企業は、なんとかして顧客に店まで足を運んでもらう必要性が出てきたわけです。

Ｏ２Ｏでショールーミングに対抗するには、リアル店舗で付加価値の高いサービスや商品を提示する必要があるでしょう。

たとえばＯ２Ｏサービスで得られる顧客の嗜好性データなどと結びつけ、「その人の好みにあった商品の明確な提案」や「嗜好に沿った接客サービス」をするといった具合です。単なる割引ではなく、こうした高度な戦略につなげることが、Ｏ２Ｏ導入後の次の一手となりそうです。

O2Oを実践している企業

LINE

無料通話＆メッセージのスマホアプリとして有名なLINE。企業や店舗が有料のアカウントで「友だち」になったユーザーにクーポン等を送れる仕組みを用意。アカウントは「公式アカウント」と「LINE@」の2種類を用意している。公式アカウントのローソンは、LINEの1回の投稿だけで10万人の来店につなげた。

オーマイグラス

2012年オープンのメガネ専門オンラインサイト。「メガネドラッグ」、「ビジョンメガネ」といった大手メガネチェーン店を含めた全国約1200店舗と提携。これらの提携店で検眼やフィッティングなどを無料で行えることにすることで、ネットで度付きメガネを売ることに成功。また既存チェーンは新たな顧客開拓に成功した。

ショプリエ

スマポ同様にスマホにインストールして使うアプリ。提携店舗の商品のタグにあるバーコードをショプリエのアプリでスキャンするとスタンプポイントが貯まり、割引や特典がもらえる。来店を促すと共に、実際の商品に触れさせることでより購買を誘引する効果もありそうだ。

ローソン

フェイスブックやツイッター、LINEなどのSNSツールを活用して、先着でクーポンを配布。「からあげクン」半額券などを提供して爆発的な来店と売上アップにつなげた。LINE上に開設している公式アカウントの友だち数は、企業公式アカウントとしては初の1000万人を突破している。

BUSINESS MODEL

10

ペイアズユーゴー

従量制の課金制でムダがないビジネスモデル

POINT 使った分だけ料金をもらい、コツコツ収益を稼ぐ

▼富山の薬売りのビジネスモデル

ペイアズユーゴー（Pay as you go）は、**「使った分だけ支払う」従量制の課金形態によって、消費者にお得感を与える**ビジネスモデルです。

ペイアズユーゴーの対義語に「食べ放題」「使い放題」のようなどれだけ使っても料金が変わらない固定制の課金システムがあります。固定制はよく利用する人には得なことですが、ほとんど使わない人やまとまって使うのは時々

ペイアズユーゴー

**ペイアズユーゴーとは、
従量課金制で「使った分だけ支払う」
課金システムで、消費者にフェアに
商品・サービスを提供するビジネスモデル**

固定料金制 …使っても使わなくても定額を徴収！

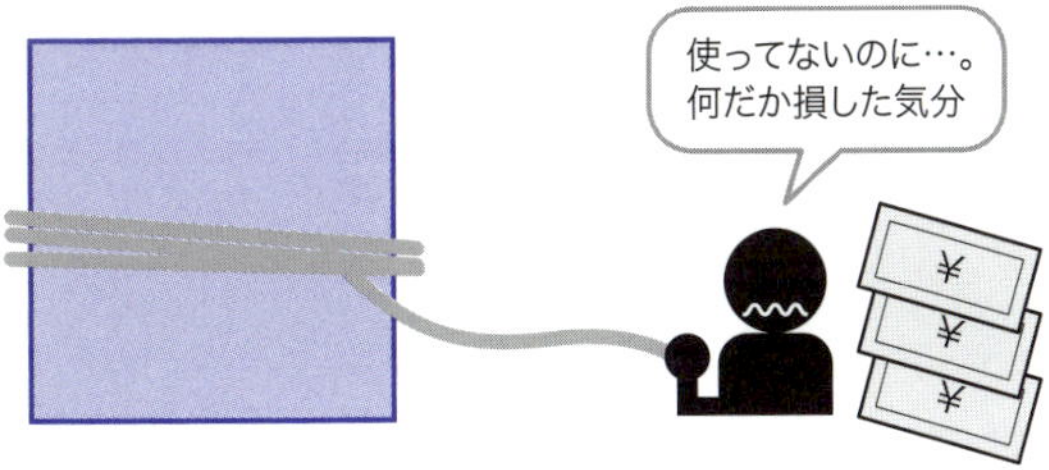
使ってないのに…。
何だか損した気分
¥
¥
¥

ペイアズユーゴー …使った分だけ払えば OK！

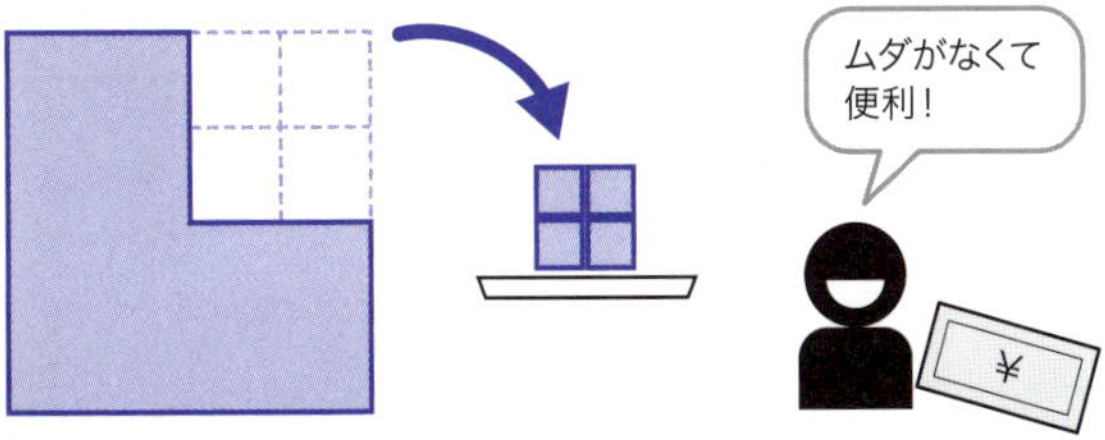
ムダがなくて
便利！
¥

要点

提案できる価値

「使った分だけ支払う」ためムダがない。

儲かる仕組み

従量制のため利用障壁が低い。幅広くユーザーを獲得できる。

という人は損をしたと感じます。だからニーズ変動型の商品・サービスにおける「フェア」な課金形態としてペイアズユーゴーが普及しているわけです。

代表的なペイアズユーゴーといえば、水道代や電気代。基本料金はありますが、使った分だけ課金されます。変わったところでは「富山の置き薬」もペイアズユーゴーです。自宅やオフィスに薬箱を置いておき、使わなければ課金ゼロ。しかし使った場合、箱の空いた薬の料金を徴収するわけです。

また最近では、インターネット上の大規模データセンターなどにデータを保存する**「クラウドコンピューティング」を提供する企業の多くが「●メガバイトでいくら」といったペイアズユーゴーを使っています**。

お菓子を食べる男性層にリーチしたオフィスグリコ

1997年に江崎グリコがスタートした「オフィスグリコ」事業は、まさにペイアズユーゴーで成功した事例といえるでしょう。

オフィスに無料で設置する菓子専用の箱で、なかにはポッキーなどのグリコの人気菓子が入っています。食べたい人は箱の上部に設置されたカエルの貯金箱に１００円を入れ、お菓子を一つ取り出すという仕組み。販売員が定期的に来社して、商品補充と集金を実施します。いわば富山の薬売りのお菓子版です。

オフィスで少しお腹が空いたとき、外出してコンビニに行くのは面倒くさいものです。最近のオフィスビルは入退室が手間なため、できれば外に出たくないビジネスパーソンも多い。そんなとき、目の前にオフィスグリコがあれば、思わず手が伸びます。オフィスグリコは、とくに「お菓子は好きだけど、わざわざ買いに行くほどではない」という男性ビジネスマン層のニーズを拾うことに成功しました。実際、**菓子の購買者は7割が女性とされますが、オフィスグリコは利用者の7割が男性です。新たな市場を拓くことに成功した**わけです。

フランチャイズ

産業革命の下で生まれたビジネスモデル

POINT 資本関係がない事業者に、自社のビジネスを行う「権利」を与えて、拡販をはかる

▼資金をかけずに多店舗展開を可能にしたモデル

フランチャイズとは、**優れた商品やサービスを持っている企業が、そのビジネスをやりたいと希望する事業者に「ビジネスを行う権利」を与える**というビジネスモデルです。**権利を与える側は「本部」「フランチャイザー」**と呼ばれ、**権利を与えられる側は「フランチャイジー」**と呼ばれます。コンビニエンスストア、ファストフード店などが典型的なフランチャイズです。

**フランチャイズとは、
自社のビジネスを行いたいと希望する事業者に
「ビジネスを行う権利」とノウハウを与える
ビジネスモデル**

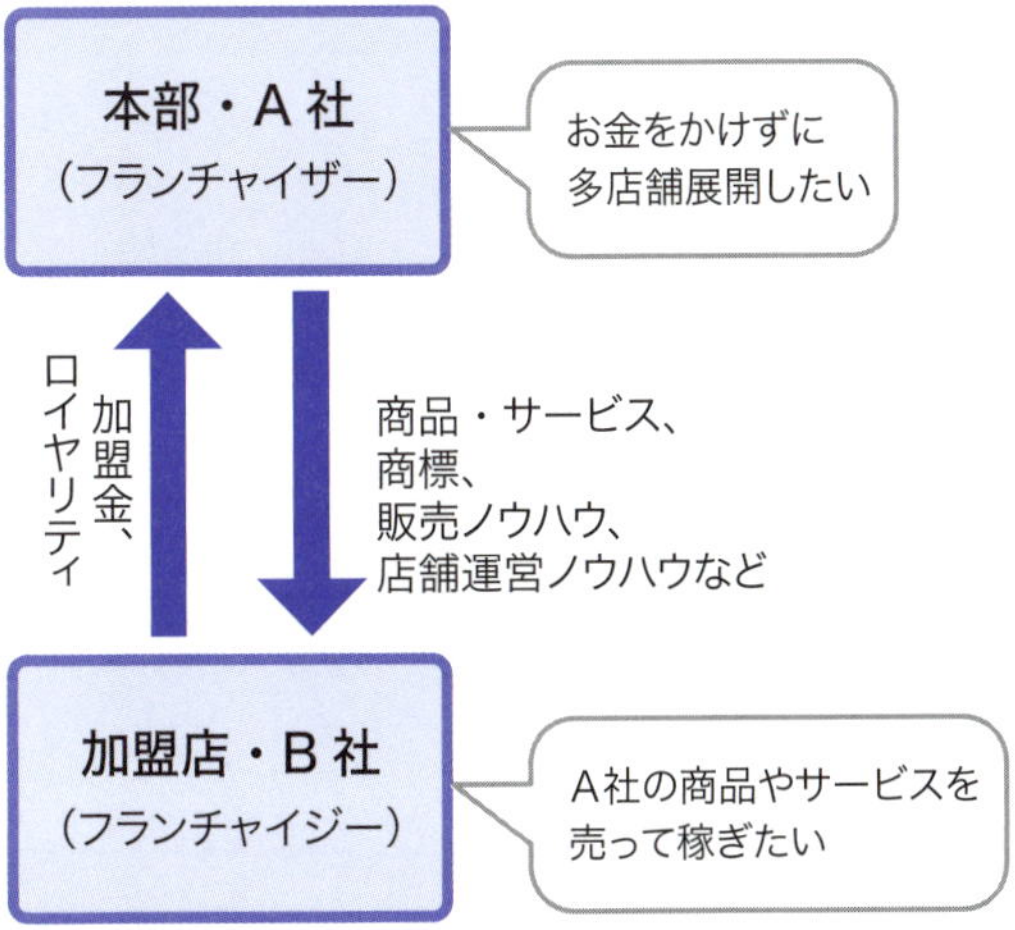

要点

提案できる価値

どこでも、同じサービス、同じ品質を提供できる。

儲かる仕組み

本部は資金をかけることなく、加盟店からのロイヤリティなどが得られる。加盟店は本部の定評のある商品や知名度を利用できるので、顧客を集めやすい。

本部が与える権利には、「チェーン名を使用する権利」「商品やサービスを販売する権利」「経営ノウハウを利用する権利」「指導や援助を受ける権利」などがあります。フランチャイジーは、権利を得るかわりに、加盟金やロイヤリティ（商標権の使用料）などを支払います。本部の方針によって、ロイヤリティは売上の一部だったり、利益の一部だったり、定額だったりします。

店舗や事務所の開業資金、人件費等はフランチャイジーが負担するので、本部には、ほとんど資金をかけずに多店舗展開できるというメリットがあります。その一方、フランチャイジーのメリットは、本部の知名度やノウハウを使って商売ができるので、成功する確率が高くなることです。また、客からみれば、どの店でも一定の品質の商品やサービスが得られます。

フランチャイズの発想が生まれたのは産業革命下のアメリカです。産業革命によって大量生産が可能になれば、大量販売が必要になります。そこで、シンガーミシン、フォードをはじめ、生産量を急拡大させたメーカーが、短期間に商圏を広げるため、このモデルの基礎を築いたと言われています。

よく混同されるのが代理店システムです。それは、代理店に対して本部が、一部のテリトリーで商品やサービスを独占的に販売する権利を与えることです。多くの場合、店舗の形態、販売方法などは自由です。

▼レギュラーチェーンとボランタリーチェーン

フランチャイズの本部のリスクは、フランチャイジーに対する強制力が弱いことです。本部は教育や店舗運営についてさまざまな支援をしますが、それを厳守するかは、ある意味フランチャイジー任せ。いいかげんなフランチャイジーがいれば、チェーン全体のイメージが損なわれることもあります。

それに対して**レギュラーチェーン（直営店）は、出店も、社員の採用も、教**

育もすべて本部が行います。本部から見れば、レギュラーチェーンは安心ですが、新規出店の費用はすべて自社で負担するので、出店ペースは落ちます。

現実には、フランチャイズ／レギュラー両方が混在しているチェーン店が多いようです。マクドナルド、吉野家、ケンタッキーフライドチキン、ユニクロなど、いずれも混合型です。余談ですが、世界展開を視野に入れ、「会いに行けるアイドル」「3チーム48人編成」「さまざまなサバイバル」など、ＡＫＢ48の人気の要素をパッケージ化した「○○○48」型モデルも混合型といえるでしょう。

ちなみに**「ボランタリーチェーン」は、中小小売店が、バイイングパワーをつけて大企業と直接取引したり、価格交渉を有利に進めたりするために、多数の同業者が集まってつくる組織**です。大勢の業者を集めれば、スーパーや百貨店等に対抗できる力を持てるわけです。寝具の西川チェーン、中小スーパーを組織化したＣＧＣグループ、ギフトのシャディなどがその代表です。

フランチャイズ化の成功例

日本公文教育研究会

学力別のプリント学習で有名な「公文式」の学習塾を運営。教室運営から生徒の募集、指導まで、誰でもできるようにパッケージ化されている。主なフランチャイジーは主婦。

日本サッカー協会

プロから少年まで日本のサッカーを統括する組織。Jリーグのフランチャイザー。加盟するためには、所有する競技場の規格、観客動員数、所属するプロ選手の人数等、厳しい条件がある。

大黒屋

大手金券ショップ。チケットやブランド品などの売買もしている。「目利き研修」や「電話相談」「web システム」等のサポート体制を整え、誰でも、フランチャイジーとして、「大黒屋」のショップを運営できるようにしている。

レンタス

中古車を使って格安レンタカーを実現した「ニコニコレンタカー」本部。フランチャイジーは、ガソリンスタンド、整備工場、中古車販売店等、車関連事業者。クルマ離れをカバーできるビジネスとして加盟店を確保。

インターネット経由のイージーオーダーが可能になったビジネスモデル

BTO（ビー・ティー・オー）

POINT インターネットなどを駆使した受注生産で、顧客のニーズに合わせた品を安く提供する

▼低コストの大量生産と柔軟性が両立する仕組み

ＢＴＯ（=Build To Order）とは、製造業のビジネスモデル。カスタムできるように、**部品の状態で用意しておき、注文を受けてから、顧客の要望に合わせて組み立てる「受注生産」の仕組み**です。一から要望を聞くのではなく、部品の選択肢が用意されていて、そのなかから選ぶ「イージーオーダー」のようなものと考えるとわかりやすいかもしれません。

BTOとは、
ITなどを駆使した受注生産で、顧客のニーズに合わせた品を安く提供するビジネスモデル

従来の大規模工場

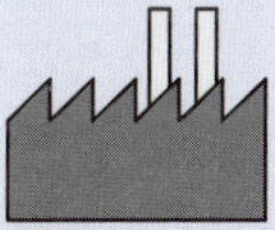

低コストの製品を大量生産できるけど、一つ一つ違う製品をつくることはできません

ITや生産技術の向上などによって、
低コストの大量生産と柔軟な対応、両方を実現！！

BTO（受注生産）の工場

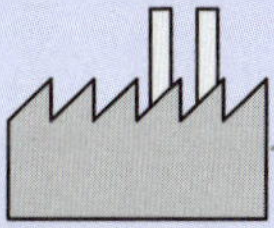

SCM（サプライチェーン・マネジメント）によって生産の流れを細かくコントロール。消費者と直接取引することで、中間マージンを削減

要点

提案できる価値

顧客の希望通りの製品を割安で提供する。

儲かる仕組み

オーダーの範囲を限定し、部品数を削減。注文後に組み立てることで在庫を減らす。

単なる受注生産なら古くから行われてきましたが、「ＢＴＯ」は、**ＩＴや生産技術などを駆使して、低コストの大量生産をしながら、個々の要望にも柔軟に対応していく**という特徴があります。この仕組みは「マス・カスタマイゼーション」と言われることもあります。

優れた「ＢＴＯ」の仕組みを確立し、その名を世に知らしめたのは、パソコンメーカーのデルです。デルの成功により、今では多くのパソコンメーカーがＢＴＯを導入しています。デルについては、次章の２０６ページで詳しく説明します。

▼オリジナルデザインのスニーカーがつくれる「NIKEiD」

近年のＢＴＯの成功事例としては、ナイキが挙げられます。

同社は、１９９９年に、スポーツシューズを好きなようにカスタマイズできるサービス「ＮＩＫＥｉＤ」をアメリカで開始しました。ウェブサイト上で、サイドに書かれたラインやソール、紐などを事細かにデザインできることから、自分だけの一品を手に入れたい人に支持されています。

最近は、技術の進歩によって、３Ｄプリンターや３Ｄスキャナーなど、思い通りに一点物がつくれる機器の開発が進んでいます。これらを活用して、フィギュアをオーダーメイドで作成するサイトが出てきました。さらに技術が発展し、さらに多くの製品がつくれるようになれば、**ＢＴＯのようなイージーオーダーだけでなく、フルオーダーのニーズが、多様な分野で高まる**かもしれません。

NIKEiD
（http://www.nike.com/）

BTO の成功事例の一つ。靴全体はもちろん、NIKE のトレードマークである靴側面のラインやソール、紐など、デザインを決める重要な部分の色はすべてお好みで変えられる。足のサイズだけでなく、足幅の広さも選べる（レギュラー、ワイドの 2 種類）。完全オーダーメイドではないが、自分だけのデザインをつくり上げるには十分な選択肢が用意されている。

CASE

第3章

17ケーススタディで話題の企業のビジネスモデルを分析

CASE

00

成功するビジネスモデルを生み出すには？

POINT 成功している企業では複数のビジネスモデルを使っている場合も

第3章では、前章で紹介した優れたビジネスモデルを実際に構築し、成長している企業を取り上げ、ビジネスモデルの中身を解き明かしていきます。

画期的なビジネスモデルの例というと、やはりグーグルやアマゾンなどＩＴ企業が目立ちますが、ＩＴ以外の企業でも興味深い事例があります。また事例のなかには、**一つではなく複数のビジネスモデルを組み合わせている**企業もあります。そうした多様な例を見ていくことで、幅広い発想が得られるはずです。

ビジネスモデルのケーススタディで取り上げる17の企業

番号	ケーススタディ		ページ数
01	グーグル	プラットフォーム	P138
02	アップル	プラットフォーム	P142
03	ＬＩＮＥ	プラットフォーム　O2O	P146
04	アマゾン	プラットフォーム　ロングテール　ペイアズユーゴー	P150
05	ダイシン百貨店	ロングテール	P156
06	ネスレネスプレッソ	ジレットモデル	P162
07	エバーノート	フリーミアム	P166
08	ＱＢハウス	ノンフリル	P170
09	スーパーホテル	ノンフリル	P174
10	鴻海精密工業	アンバンドリング	P178
11	IKEA	ノンフリル　SPA	P182
12	ゴア	オープンビジネス	P186
13	オーマイグラス	O2O	P190
14	タイムズ24	アンバンドリング　ペイアズユーゴー	P194
15	カーブス	ノンフリル　フランチャイズ	P198
16	ドンドンダウン オン ウェンズデイ	ノンフリル　フランチャイズ	P202
17	デル	BTO	P206

第2章で紹介したビジネスモデルの実用事例を次ページから解説。解説図の「要点」では各企業における「提案できる価値」「儲かる仕組み」「経営資源 / 業務プロセス」を解説する。

CASE

01

みんなを惹きつける「場」を提供した企業例

グーグル

利用モデル
プラットフォーム▼66ページ

POINT 複数の仕組みを組み合わせ、三者に魅力的な「マルチサイドプラットフォーム」をつくりあげた

▼利用者・広告主・サイトオーナーにとって魅力的な「場」を提供

スタンフォード大学の学生だったラリー・ペイジとセルゲイ・ブリンが始めた**「グーグル」**。今でこそ、売上高は５００億ドル（約5兆円）を超えていますが、創業してしばらくの間は、収入源を持っていませんでした。

そんな**グーグルが多額の売上を稼げるようになったのは「マルチサイドプラットフォーム」を構築したから**。検索エンジンの技術を活用して、ユーザー・広告

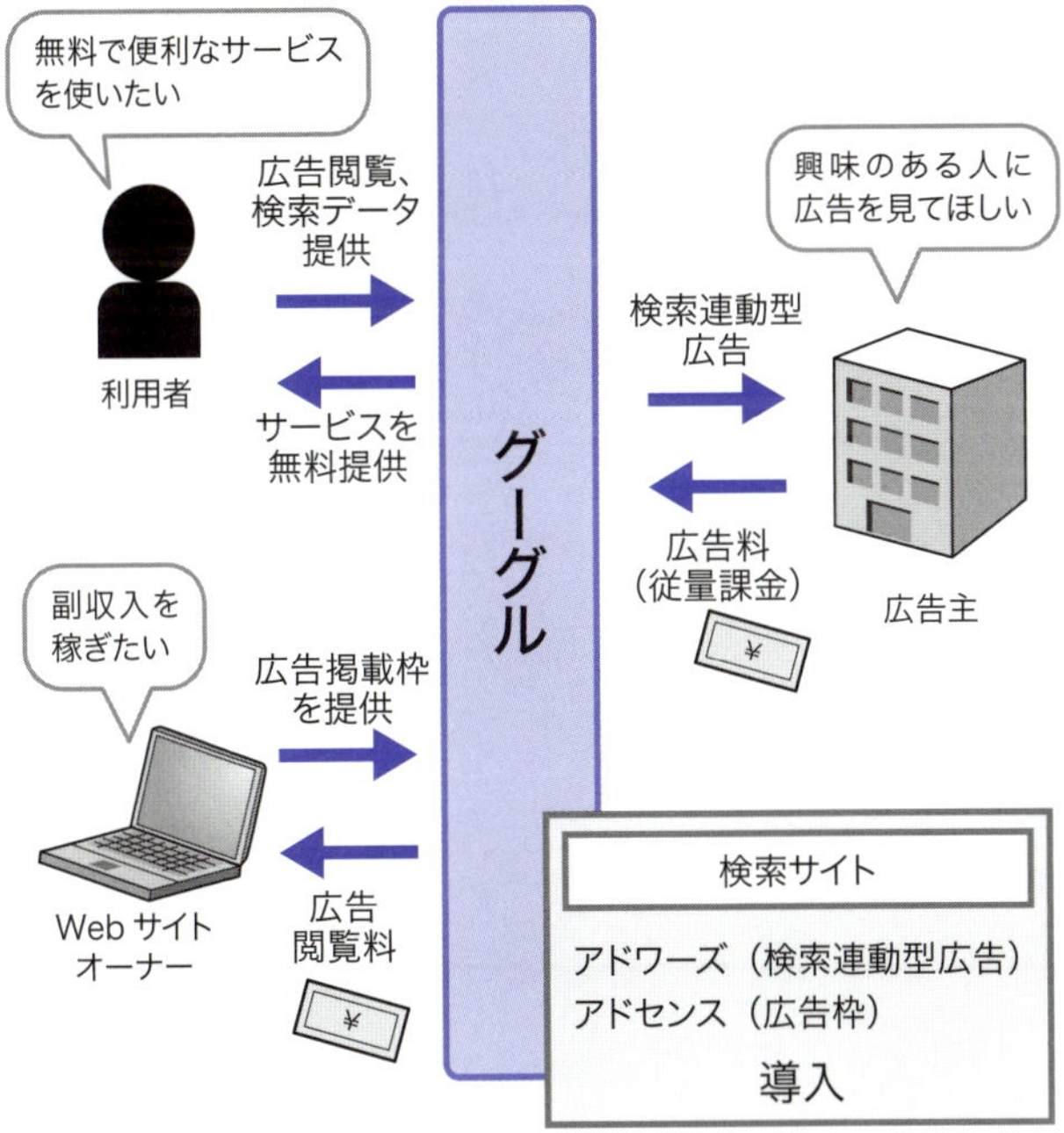

要点

提案できる価値

最適な検索結果。費用対効果の高い広告。Web オーナーの広告収入。

儲かる仕組み

広告費。アドセンス、YouTube の買収などで広告表示先を増やす。

経営資源／業務プロセス

精緻な検索や、検索に連動した広告を表示する技術。

※「経営資源」「業務プロセス」は分離が難しい場合も多く「要点」ではひとまとめで解説する。

主・サイトオーナーの三者にとって魅力的な「場」を用意したからです。

「アドワーズ」&「アドセンス」によって、利益を生む流れをつくった

グーグルは、検索履歴やサイトの訪問履歴など検索エンジンの利用データを収集し、分析することで、「ユーザーが何を求めているのか」を予測し、最適な検索結果を導き出す技術を磨いてきました。

その技術を用いて２０００年に始めたのが**「アドワーズ」**。ユーザーの検索内容に合った広告を検索結果の近くに表示する「検索連動型広告」です。自社商品に興味のありそうな人に見てもらえる上に広告費はクリック分だけなので、不特定多数に表示する広告より費用対効果は高まります。広告主からすると、納得感があります。アドワーズを利用する企業はどんどん増えました。

加えて、グーグルが始めたのは、**「アドセンス」**です。自分のウェブサイトや

ブログに、そのサイトの内容に合わせた広告を表示する「枠」を設置してもらい、広告がクリックされれば、サイトオーナーに報酬を支払う仕組み。「設置するだけで副収入が得られる」と、多くのサイトオーナーが導入しました。

さらに、グーグルは、「メール」や「マップ」などの**無料サービスの拡大**にも乗り出しました。その狙いは**便利なサービスを提供する対価として、それらにも広告を表示し、広告を見る人を増やす**こと。また、無料サービスを使ってもらうことで、より多くのデータを収集する目的もありました。

このような**複数の仕組みを組み合わせたプラットフォームによって、グーグルはユーザー・広告主・サイトオーナーの三者を集められ、高い利益を得られるようになりました**。ネットワーク効果（70ページ参照）を生み出せたわけです。

グーグルは、スマートフォン用OS「アンドロイド」も提供しています。こちらも、ユーザーやアプリ制作会社などを巻き込むプラットフォームです。

CASE

02

ユーザーや協力会社がサービス普及の後押しをした企業例

アップル

利用モデル
プラットフォーム▼66ページ

POINT
「iTunes Store」というプラットフォームで、ユーザーや協力会社を巻き込む

▼「iTunes Store」でiPodの人気を不動のものに

iPod、iPhone、iPadと、ヒット商品を連発したアップル。簡単に使える操作性の良さや洗練されたデザイン、スティーブ・ジョブズのカリスマ性など、**成功要因はいくつもありますが、とりわけ大きかったのは、ユーザーや協力会社が利用したくなる「マルチサイドプラットフォーム」を構築したこと**でしょう。

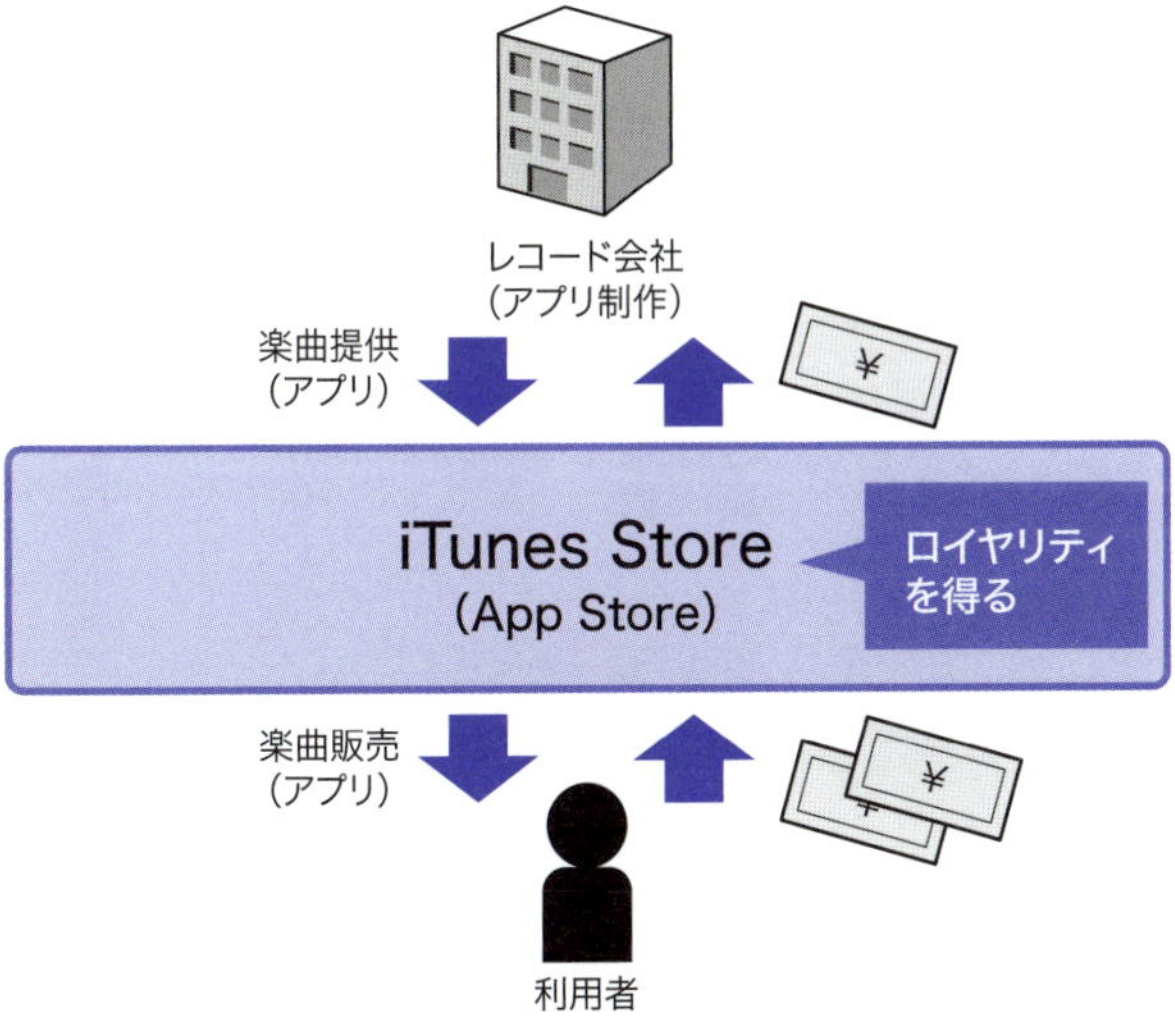

「楽曲」を「アプリ」に、「レコード会社」を「アプリ制作会社」に変えると、「App Store」のモデルに。iPod が市販の CD からも曲を取り込めるのに対し、iPhone などのアプリは、「App Store」ルートでしか購入できない。アップルはアプリから得られる利益を余さず得られるわけだ。

要点

提案できる価値

どこにいても多様な楽曲を聴いたり、多様なアプリを利用したりできる。

儲かる仕組み

「iTunes」を利用した楽曲やアプリの販売手数料。アプリは自社の独占販売状態。

経営資源／業務プロセス

スティーブ・ジョブズのアイデア、製品のデザイン力。製造はEMSを活用。

最初にアップルが構築したプラットフォームは、２００３年にスタートした**「iTunes Store」**です。その魅力は、ＥＭＩ、ワーナー、ソニー、ユニバーサルという大手レコード会社のアーティストの曲を、ネット経由で１曲からダウンロードできること。当時としては画期的な仕組みでした。

この仕組みは、ユーザーだけでなく、レコード会社にとってもありがたいものでした。違法ダウンロードの横行で、売上の低迷に悩んでいたからです。**人気の曲がダウンロードできるということで、ユーザーはどんどん増加**しました。すると、**他のレコード会社も参入**してきます。このような**ネットワーク効果**が働くことで、ｉＰｏｄは他の音楽プレーヤーと大きく差別化をはかることに成功し、人気を不動のものにしたわけです。

「App Store」で、胴元として理想的な状態をつくる

アップルは、iPodのビジネスモデルを、iPhoneにも流用しました。アプリを販売する**「App Store」**をつくり、アプリ制作会社に無料で開発キットを提供しました。一種のオープンビジネスモデルであるわけですが、このキットを使って**大小さまざまな制作会社が多彩なアプリを開発することで、iPhoneの魅力が大きく増した**のです。

iPodに入れる音楽は市販のCDから取り込むことも可能でしたが、iPhoneのアプリは「App Store」からしか入手できません。**アプリの販売で得られる利益を逃さない「囲い込み」の仕組みをつくった**わけです。

App Storeの売上は年間1兆円に達しており、そのうちの15～30％程度が手数料としてアップルに入ると見られます。大きなマルチサイドプラットフォームの胴元となれば、莫大な売上が得られるという好例といえるでしょう。

CASE

03

スマホ市場において一躍巨大プラットフォームを構築した企業例

LINE（ライン）

利用モデル

プラットフォーム▼66ページ
O2O▼114ページ

POINT 感情豊かな「スタンプ」を武器にした、スマホ最強のコミュニケーション・プラットフォーム

▼タダで使える通話&メールで、シェアを伸ばしてプラットフォーム化

今や全世界で3億人のユーザーを持つ**コミュニケーションアプリが「LINE」**です。スマホ（PCでも使用可能）にダウンロードすれば、ネットを通じてユーザー同士が無料で通話やメッセージのやりとりができるというものです。似たアプリはすでにありましたが、躍進の秘密はその独自性にあります。まずキャラクターを使った**「スタンプ」**と呼ばれる大きめのイラストアイコ

公式アカウント
LINE@
各企業がO2Oに活かそうとクーポンなどを配信する場に
O2O
無料通話&メッセージ
LINEではスマートフォンを使い無料で通話やメッセージをやりとりすることが可能。利用者は全世界で3億人を超える。スタンプというイラストアイコンによるコミュニケーションが大きな特徴
LINE
GAME
ソーシャルゲームが楽しめるゲームプラットフォームに
その他
電子書籍、占い、動画、アプリなど。さらなる充実にも期待
LINE MALL
誰でも簡単に売ったり買ったりできる、LINEのショッピングアプリも開始

LINEというプラットフォーム

要点

提案できる価値

スマホで使いやすいメッセージ・ツール。感情豊かなスタンプ（絵文字）が使える。

儲かる仕組み

有料コンテンツであるスタンプ、ゲームアプリなどのプラットフォームの胴元。

経営資源／業務プロセス

優れたマネジメント、エンジニア。キャラクター。圧倒的なユーザー数。

ンを用意したこと。感情豊かなこのスタンプにより、簡単・スピーディーで情報量の多いチャットが可能になりました。「文字で返信するのは面倒」「一言で返信して感じ悪く思われるのはイヤ」という現代人のニーズに合致したのです。

もう一つは**「アドレス帳連携」**です。ＬＩＮＥでやりとりする相手は基本的にスマホのアドレス帳に携帯電話番号が登録してある相手で、かつＬＩＮＥを利用している人に限られます。他のアプリと違い、すでに電話番号を知る親しいつながりの人が相手なので、肩肘張らず親密な交流ができるわけです。

O2Oも組み合わせて、さらに大きな成長も

こうして**圧倒的なシェアを獲得していることが、LINEのビジネスモデル「マルチサイドプラットフォーム」を支えています**。ＬＩＮＥ事業の売上は約20%がスタンプ課金です。先述したスタンプは一部無料ですが、十数円ほどで

数十種が使えるようになる有料スタンプもあり、「好きなキャラクターのスタンプが欲しい」というユーザーに人気です。

しかし、それよりも大きな**売上構成比の60％を占めるのは、ゲーム課金**なのです。多くのユーザーをつなげているＬＩＮＥは、他社のゲームコンテンツのプラットフォームとしてもユーザー同士をつなげています。外部のゲーム会社にその場を提供することで、マージンを得ているわけです。

またＬＩＮＥのビジネス用途向けアカウントも大きな収入源です。これは企業がＬＩＮＥ内に有料でアカウントをとり、ＬＩＮＥで「友だち」になったユーザーにクーポン等を送れる仕組みです。ＬＩＮＥの使用頻度の高さと情報伝達力に惹かれて多くの企業が参加。たとえばローソンはＬＩＮＥアカウントの１回の投稿だけで10万人の来店につなげました。**「O2O」のプラットフォームとしても機能している**わけです。

CASE

04

ロングテールをはじめ、複数のビジネスモデルを活用した企業例

アマゾン

利用モデル
プラットフォーム▼66ページ
ロングテール▼72ページ
ペイアズユーゴー▼１２０ページ

POINT
あらゆるモノを多彩に揃え、ロングテールで大きく儲ける

▼アマゾンはロングテールで稼いだ企業の代名詞

本、ＣＤ、家電、洋服、靴、文具、食料品に至るまで——。文字通り大河のように**多品種の商品を大量に流通させているのがアマゾン**です。売上高は全世界で６兆１０９３億円。アマゾンジャパンに絞っても７３００億円に上り（12年12月期）、取扱商品数は５０００万超に及びます。

名実ともに世界最大のネット小売業者としてアマゾンが君臨している理由の

ロングテール

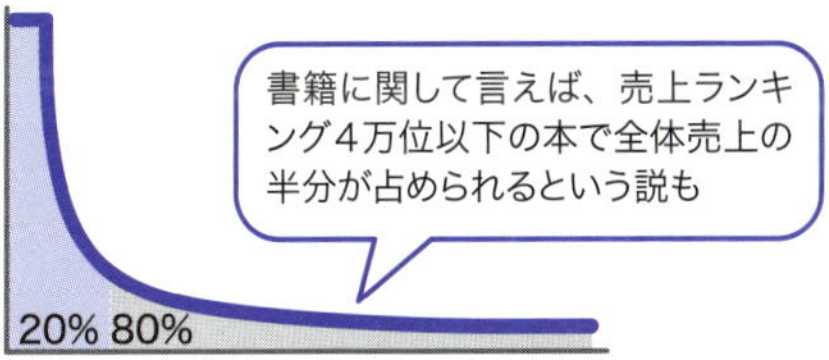
書籍に関して言えば、売上ランキング４万位以下の本で全体売上の半分が占められるという説も
20% 80%

当日配送	首都圏なら午前に注文すれば当日中の商品着も可能な驚異の物流システム。これを支えているのが千葉県市川市をはじめ、全国数カ所にあるフルフィルメントセンター（物流倉庫）
1-Click 機能	一度購入すると、顧客のコンピュータにｃｏｏｋｉｅを送信。そこで記憶されたデータを元に、その後はパスワードやカード番号等を打たず「ワンクリック」のみで買い物できる仕組み
アソシエイト	ブログに通販サイト等のリンクをのせる成功報酬型広告（アフィリエイト。アマゾンでは「アソシエイト」と呼ぶ）。アマゾンはそのパイオニア的存在で、数千万種の商品がアフィリエイトプログラムに対応。売上の最大８％の成果報酬がもらえる
カスタマーレビュー	一般読者がその商品についてコメントを書き込める「カスタマーレビュー」。５点満点の★づけ評価もあるため、買うか否かの判断材料の一つに使える

要点

提案できる価値

死に筋を含めた 5000 万超に及ぶ多彩な商品を揃え、ワンクリックで購入できる。

儲かる仕組み

自前倉庫で流通コストを抑え高い利益率。マーケットプレイス併用で在庫コストを軽減。

経営資源／業務プロセス

自前の倉庫、プラットフォーム、精度の高い検索ツールとレコメンド機能など。

一つに、**「ロングテール」**というビジネスモデルが挙げられるでしょう。

売り場という物理的な制限がある実店舗と異なり、巨大なネット小売店であるアマゾンには制限がありません。実店舗では品揃えを「売れ筋商品」に絞らざるを得ませんが、**売り場がネット上で、かつ大量の倉庫を持つため、下位の「死に筋商品」や「レア物」、「限定モノ」なども販売できるわけです。これが「何でも揃う場」という魅力となり、顧客を集めています**。死に筋商品も売れるため、「テール（しっぽ）」が売上全体を下支えしています。書籍に限れば、売上の半分は売上ランク4万位以下の本で成り立っていると言われています。

▼精度の高い「オススメ」機能でロングテールを実現

もっとも、死に筋商品を置いたからといって、確実に売れるとは限りません。

そこでアマゾンが力を入れているのが、**精緻なレコメンデーション機能**です。

アマゾンでの過去の購入履歴や検索履歴などをもとにユーザーに「おすすめ商品」を紹介。本人すら気づかなかった好みの本や洋服などをすすめてくれます。独自のアルゴリズムによって導き出されるものですが、他を圧倒する品揃えとユーザー数を持つため、精度には定評があります。

こうして意外な死に筋商品との出会いを促すことで、アマゾンはロングテールを成り立たせているのです。

▼屋台骨は「マルチサイドプラットフォーム」

加えて、アマゾンを支えるビジネスモデルが**「マルチサイドプラットフォーム」**です。アマゾンは自社で多数の倉庫を持ち、大量の在庫を持っていますが、同時に**第三者がアマゾンで商品を販売する「アマゾン・マーケットプレイス」というプラットフォームも持っています**。ここに集まるのは比較的、希少価値の高い商品が多くなります。外部業者がすでにアマゾン本体で売られている商品を販売しても競争力は弱いからです。結果、「たまにしか売れないけれど、欲しい人はすごく欲しい」というロングテールの多くを担います。また、たまに出る商品の在庫コストも、外部業者が受け持ってくれる、というわけです。

従量制の**「ペイアズユーゴー」**もアマゾンのもう一つの柱となるビジネスモデルです。アマゾンには、クリスマスなどの繁忙期用に社内の巨大なデータセンターを充実させてきた歴史があります。それを**「アマゾンEC2」の名で仮想サーバーとして外部に貸し出している**のです。料金は使った分だけ払えばいいので、実に合理的です。

たとえば、日本ではレシピサイトの「クックパッド」などが利用しています。品揃えのみならず、ビジネスモデルが多彩であることも躍進を続けるエンジンになっているのです。

ロングテールをベースに 多彩なビジネスモデルを併用

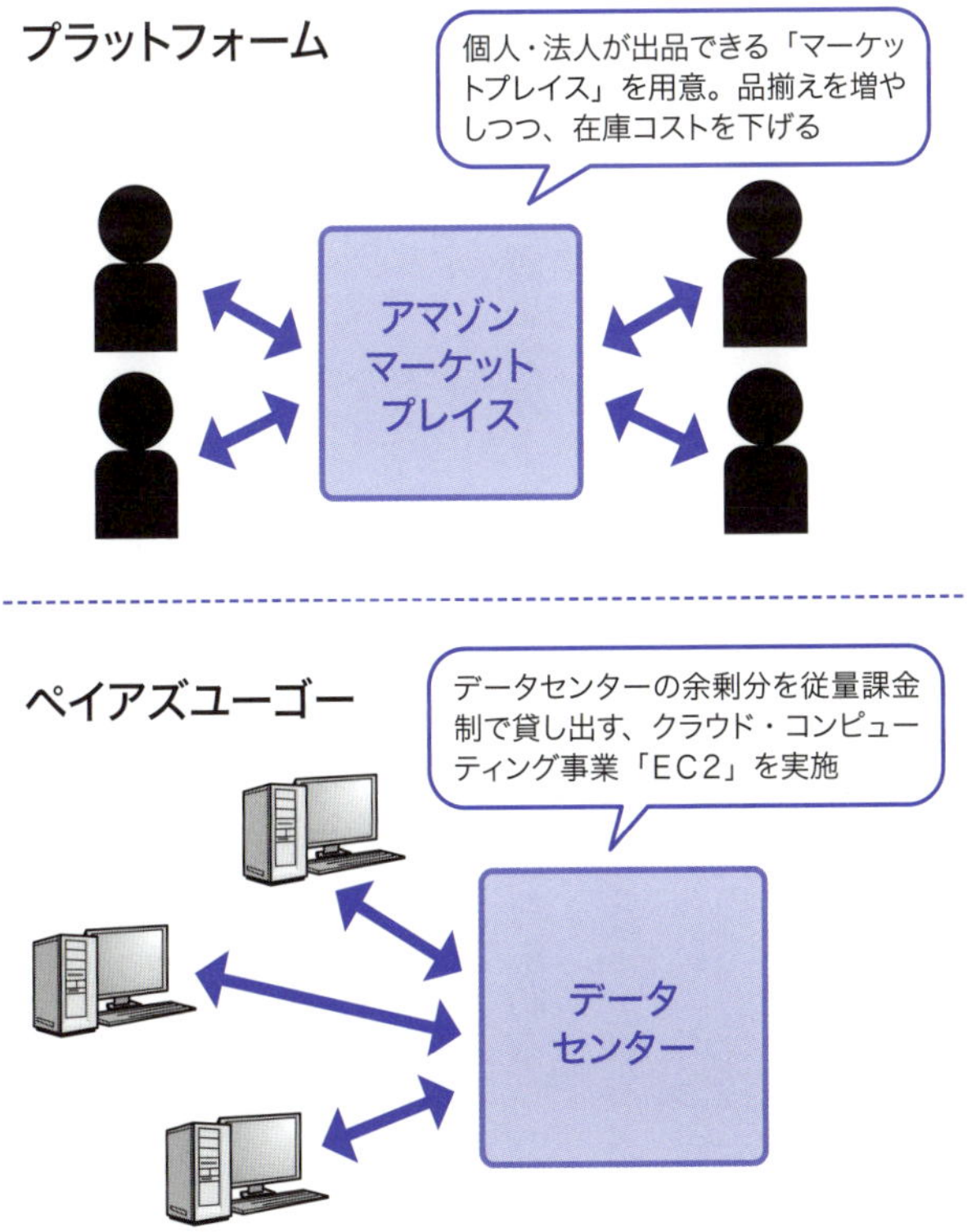
プラットフォーム
個人・法人が出品できる「マーケットプレイス」を用意。品揃えを増やしつつ、在庫コストを下げる
アマゾン
マーケット
プレイス
ペイアズユーゴー
データセンターの余剰分を従量課金制で貸し出す、クラウド・コンピューティング事業「EC2」を実施
データ
センター

CASE

05

地域密着でもロングテールが実現できるという企業例

ダイシン百貨店

利用モデル
ロングテール▼72ページ

POINT
近場のシニア層の「欲しい」を揃える、ロングテールな百貨店

▼ポマード、チリ紙、超小分け……レア商品が「ここならある」

東京・大田区山王にあるダイシン百貨店は**「奇跡の百貨店」**と呼ばれます。多くの小売店が消費不況にあえいできたなか、近年、７年連続で黒字を達成し続けてきたからです。ＪＲ大森駅から徒歩20分ほどの離れた場所にあるにも関わらず、年間来店客数は約４００万人、年商は約80億円を超えています。

この人気を支えているのが、実は**ロングテール**。売れ筋だけではなく、〝死

通常のチェーンストアの棚

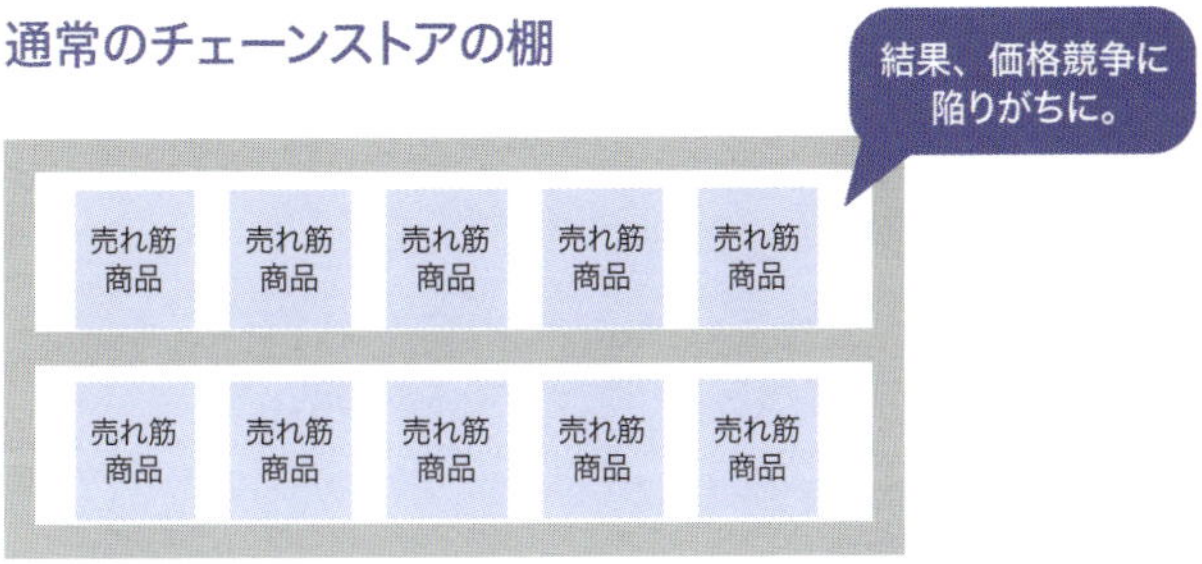

ダイシンの棚

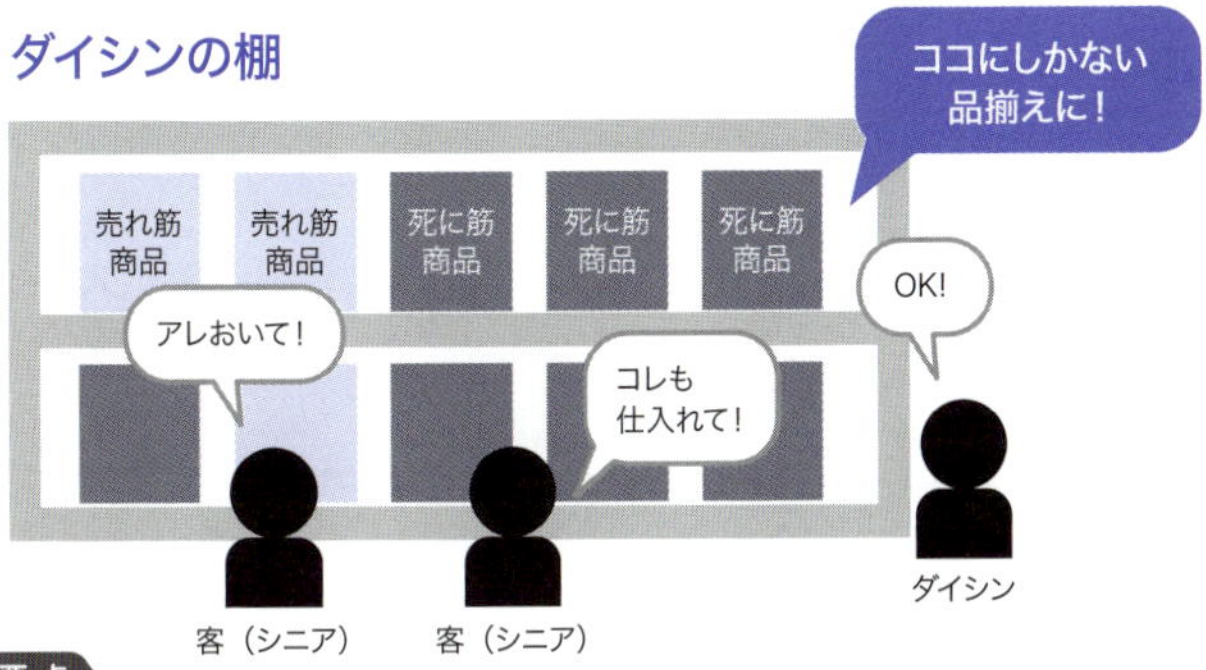

要点

提案できる価値

地域のシニア層の「欲しいもの」を揃える、他にはない品揃え。

儲かる仕組み

「欲しいものがある」「親身になってくれる」ことで店舗に愛着を感じる常連客を増やす。

経営資源／業務プロセス

「あの商品ないの？」と聞かれたら必ず仕入れるフットワーク。常連客との絆。

に筋〟と言われるめったに売れない商品を数多く揃えていることなのです。ダイシンの**取扱品目は約18万点。総合スーパーの取扱品目がだいたい10～30万点なので、ことさら多くはありませんが、極めてユニークな商品が目立ちます。**

たとえば、日用品売り場には最新の整髪料や化粧品に混じって「柳屋のポマード」や「粉歯磨き」「チリ紙」などが並びます。生活雑貨売り場には、使いやすくスタイリッシュなカーテンやハンガーだけではなく、駅員が使う古い「ちりとり」やマンガに出てくるような「ハタキ」が置いてあります。要するに他店では取り扱っていない懐かしい商品。どれも飛ぶように売れる商品ではなく、むしろ典型的な死に筋商品といえるでしょう。

どうしてダイシンはこうしたレトロな商品を置くのでしょうか？　それは、顧客である「シニア層」の心をつかむため、**「あの商品ないの？」「こういう商品を置いてよ」という声をほぼすべて受け入れて仕入れている**からです。

「半径500m」に住む高齢者の心をつかむ

ダイシンは、8年ほど前から**「半径500m・シェア100%」という戦略**を標榜してきました。背景にあったのは、90年代から競合スーパーに顧客をとられていたことです。いうまでもなく規模の経済を働かせ、低価格を実現できる巨大チェーンストアに、値段競争では勝ち目がありません。そこで、安売り広告を見て右往左往するお客様ではなく、**地域の固定客を増やす**戦略をとったわけです。

固定客となりうる半径500m圏内に住むのはいったい誰でしょうか？　それが**「シニア層」**でした。ダイシンの周辺地域は大正から昭和初期に開発された住宅地。それだけに長くこの地域に住む住民が多く、住民の5人に1人が高齢者となっていました。しかも高齢単身者が極めて高い地域だったのです。

高齢者は若年層よりも長年愛用している商品にこだわり、「これでなければ」

という思いが強い傾向があります。そこで顧客から「欲しい」という声がかかった商品は必ず仕入れるようにしました。その結果、高齢者が使い慣れたレトロな商品が数多く並ぶようになったのです。

もっとも、裏を返せば「ここにしかない商品」が数多く揃うことになりました。「ここならアレがあるはずだ」とレアなレトロ商品を求めてわざわざ訪れる客も増えました。もちろん、常連客にとって「私が欲しいと言った商品を入れてくれた」とダイシンにロイヤルティを感じやすくなる効果も見逃せません。

こうして、**ダイシンは「ここにしかない商品」を求める「客にやさしい店で買い物をしたい」という良質なリピーターを集めることに成功**したわけです。

ターゲットや商圏を絞れば、リアル店舗でもロングテールは有効である。ダイシンの成功例は、それを証明してくれています。

ロングテールを用いた企業

ハンズマン

宮崎県に本社を持つホームセンターチェーン。「無いものは無い」という看板を掲げて、年に10個も売れない商品も揃え、大成長。ワンストップで購入したいプロや日曜大工などのユーザーの心をつかんでいる。

ルル・エンタープライズ

アメリカの自費出版会社。書籍や写真アルバム、音楽などのデータを同社のLulu.comにアップロードすると、提携先の印刷会社やプレス屋が書籍やCDにしてくれる。コンテンツはサイト上のマーケットプレイスで売ることが可能。ニッチな作り手とニッチな読み手や聞き手をつなぎ合わせるわけだ。

東急ハンズ

70年代にオープンした東急グループのホームセンター。DIYなどに適した資材や部材を中心にした多彩な品揃えで有名だが、その礎になっているのが「POS」に頼らない仕入れシステム。現場に裁量をもたせ、「これはお客様に喜ばれる」「こういった商品がないかと問い合わせがあった」などと個々が売り場で足で稼いだ情報をもとにした仕入れを奨励している。結果、「ハンズにはあるはず」という信頼に。元祖ロングテールとも言われる。

CASE

06

本体ではなく付属品で稼ぐ企業例

ネスレネスプレッソ

利用モデル
ジレットモデル▼78ページ

POINT ジレットモデルで、一般家庭にエスプレッソマシンを普及

▼男性用ヒゲソリの替え刃で儲けるジレットモデルを応用

ジレットモデルを用いて成功した最近の事例といえば、スイス・ネスレネスプレッソ社の「ネスプレッソ」でしょう。

ネスプレッソは、新鮮で本格的なエスプレッソが抽出できる家庭・オフィス向けのエスプレッソマシン。１９８６年の発売以来、徐々に支持を広げ、現在では世界60カ国で事業を展開し、売上高は３１２０億円に上っています。

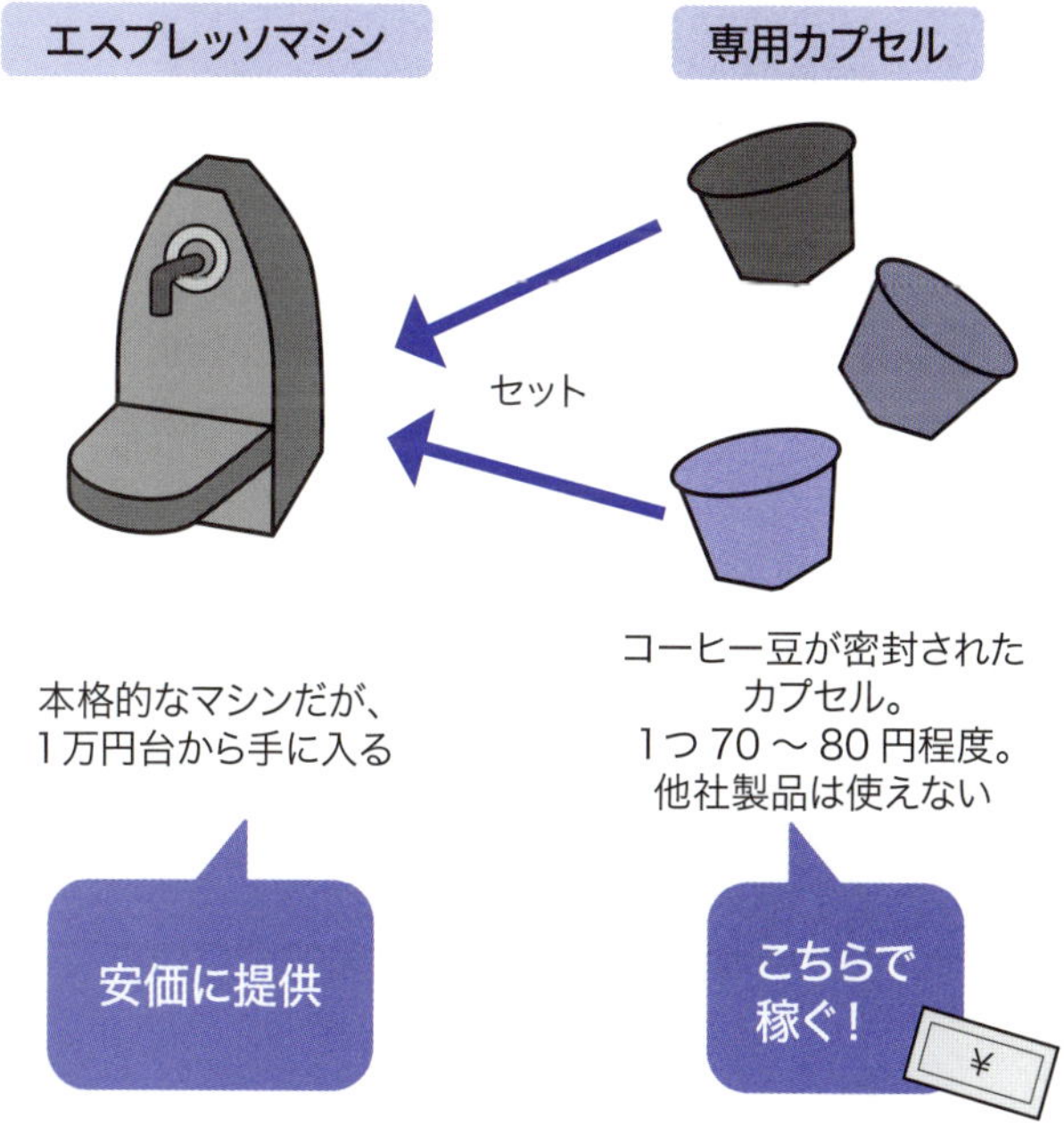
エスプレッソマシン
専用カプセル
セット
本格的なマシンだが、
1万円台から手に入る
コーヒー豆が密封された
カプセル。
1つ70～80円程度。
他社製品は使えない
安価に提供
こちらで
稼ぐ！
¥

要点

提案できる価値

新鮮で本格的なエスプレッソを家庭やオフィスで実現。

儲かる仕組み

マシンを薄利で提供し、コーヒー豆カプセルで利益を得る。直販で利益率アップ。

経営資源／業務プロセス

エスプレッソマシンやコーヒー豆カプセルの技術、カプセルを販売する直販網。

マシンの値段を下げ、カプセルで儲ける

実は、発売から数年間、ネスプレッソはあまり売れていませんでした。「本格的なエスプレッソが抽出できる」「1杯分のコーヒー豆が真空パックされた専用カプセルを装着するだけで、新鮮なエスプレッソを簡単につくれる」などの特徴は今と同じでしたが、高価だったため、なかなか浸透しませんでした。

しかし、**マシンを値下げし、カプセルで継続的に売上を得るように方向転換しました。これが一般家庭でブレイクした一つのきっかけ**になったのです。

現在も、マシンは1万円台から販売。一方、コーヒー豆が入った専用カプセルは1つ70~80円です。カプセルは、基本的にはネスレネスプレッソ社のものしか使えません。毎日1杯ずつでも、年間2万5000円の売上になります。マシンをリーズナブルな価格で提供するかわりに、カプセルでコツコツ稼ぐ。その積み重ねで、3000億円を超える事業に育ったわけです。

ジレットモデルを用いた企業

東レ

本体
浄水器「トレビーノ」
付属品・消耗品
一つ数千円する交換用カートリッジで利益をあげる

キヤノン

本体
インクジェットプリンター
付属品・消耗品
一つ 1000 円以上するカートリッジで利益をあげる

パナソニック

本体
音波振動歯ブラシ「ドルツ」
付属品・消耗品
1 本数百円する替えブラシで稼ぐ

任天堂

本体
ファミコン、DS、Wii
付属品・消耗品
収益源はソフトウェア。自社開発ソフトの他、サードパーティから得られるロイヤリティも

どの例も、本体価格を抑えて導入しやすくし、付属品・消耗品で利益を得ている。

CASE

07

ネット上のクリッピングサービスを無料＆有料で提供して稼ぐ企業例

エバーノート

利用モデル
フリーミアム▼84ページ

POINT
「外部脳」を無料で提供。４％のプレミアム版で儲ける

▼画像・文章・ウェブ・音声……あらゆるデータをどこでもクリップ！

エバーノートは**「フリーミアム」**で伸びた代表的な企業です。

同社が提供するエバーノートとは、**無料で活用できるネット上のスクラップブックのようなアプリケーションソフト**。テキスト、写真、名刺、音声、動画、そしてウェブサイトなど、パソコンを通してエバーノートの自分のアカウント（ネット上のスクラップブック）にアップロードすれば、クラウド技術によっ

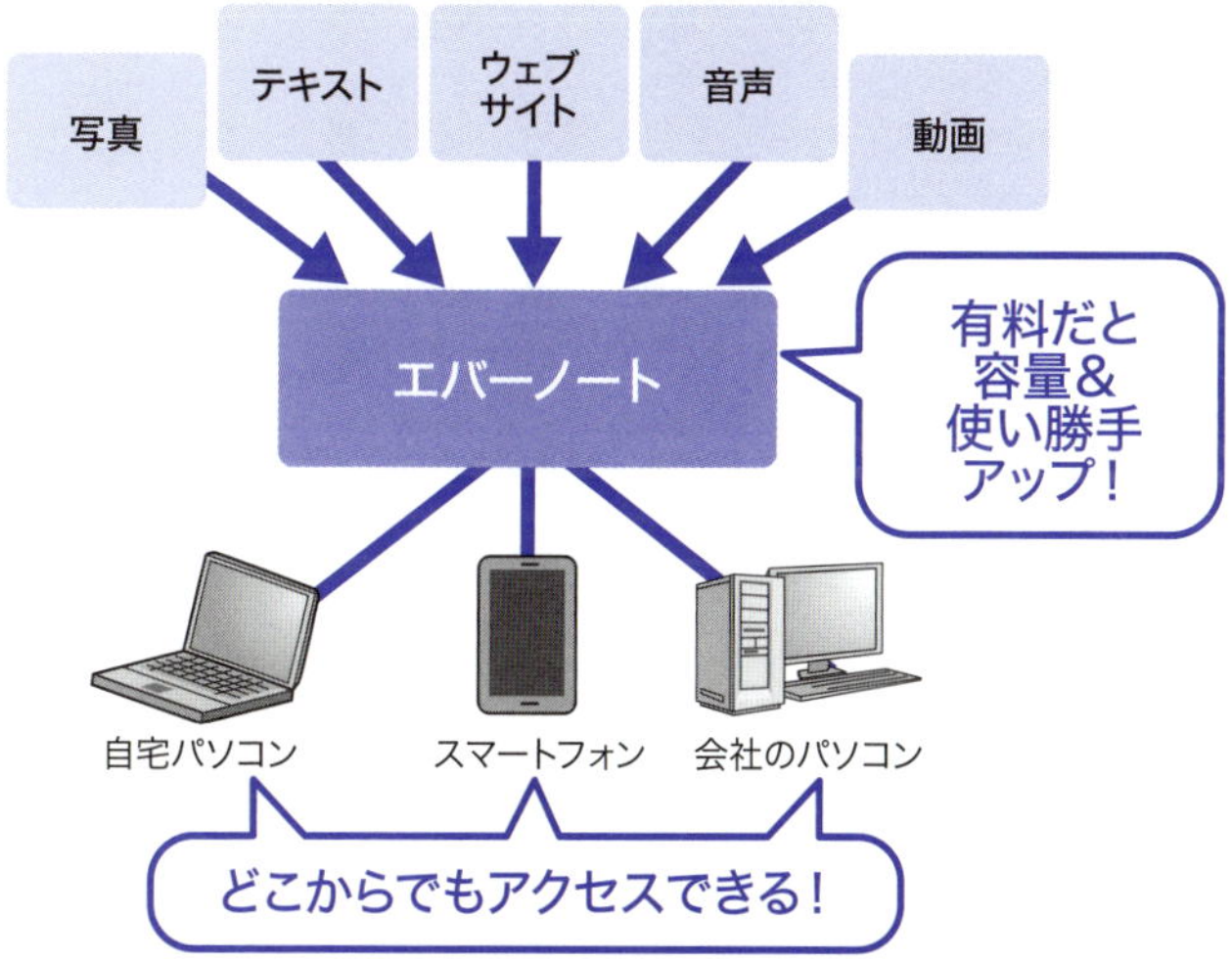

エバーノートは、ウェブサービスの一種で、誰でも無料で利用でき（有料版あり）、テキスト・画像・PDF などのデジタルデータをクラウド上のサーバーに保存できるクリッピング・サービス。クラウド上にデータが保存されているので、会社以外の自宅のパソコン、スマートフォンなど、どこでも利用できる。

要点

提案できる価値

いつでもどこでもデータをクリップできる。

儲かる仕組み

まずは無料で提供し、一部の人に便利な有料版を利用してもらう。

経営資源／業務プロセス

クラウドを活用しコストを抑えてサービスを提供する。

てどこのパソコンやスマートフォンからでもアクセスして利用や編集、共有ができる、というものです。

実はこれらの**機能はすべて無料で利用**できます。ただし条件があって、１カ月にアップロードできるデータ容量は60メガバイトまでに限られます。またＰＤＦ文書の文字検索や画像認識、共有ノートの編集もできません。

一方、月４５０円、年間４０００円（２０１４年2月現在）の**「プレミアム版」**だと、アップロードできるデータ容量はほぼ無制限となり、前出のような機能制限もありません。

現在、エバーノートのユーザー数は５０００万人以上。無料版とプレミアム版のユーザー比率は96対４程度とされ、圧倒的に無料ユーザーが多いようです。それでも十分に**採算がとれるのは、ランニングコストを低く抑えられるクラウドを活用したビジネスモデルだから**です。

「100年企業を目指す」と宣言し、信頼性をアピール

エバーノートがフリーミアムで成功しているカギは、大きく二つあります。

一つは無料版とプレミアム版のさじ加減が絶妙なこと。無料版にある容量制限は、1カ月60メガバイトという時限制です。そのため無料ユーザーでもデータはどんどん蓄積されていきます。するとストックをすでにエバーノート内に置いたユーザーにとって、他社への乗り換えコストが日を追うごとに高まります。「エバーノートなしでは仕事ができない」状況が生まれやすいわけです。

もう一つ、**「100年企業を目指す」**と創業者のフィル・ルービンCEOが明言しているのも見逃せません。シリコンバレー発のベンチャーでは珍しい理念です。しかし、ユーザーのあらゆるデータを保管する役割を担う同社のサービスにおいて、こうした**持続性は大きな信頼になります**。CEOのメディア露出の多さと相まって、この**「信頼感」は顧客を増やす誘因になっています**。

CASE

08

サービスはカットのみ！の理容室で成功した企業例

QBハウス

利用モデル

ノンフリル▼90ページ

POINT

カットに絞った「ノンフリル」で、時間とお金を節約

▼シャンプーもブローもヒゲソリもなくし、10分カットを実現

ショッピングセンターや駅ナカなどで見かける、**10分1000円のヘアカット専門店といえば、「QBハウス」**。1号店のオープンは1996年、創業20年足らずですが、国内外に500店舗を構えるほどの成長を遂げています。

その躍進の秘密は、「ノンフリル」。**理美容室では当たり前のサービスを省くことで、短時間・低料金でのカットを提供**したことです。

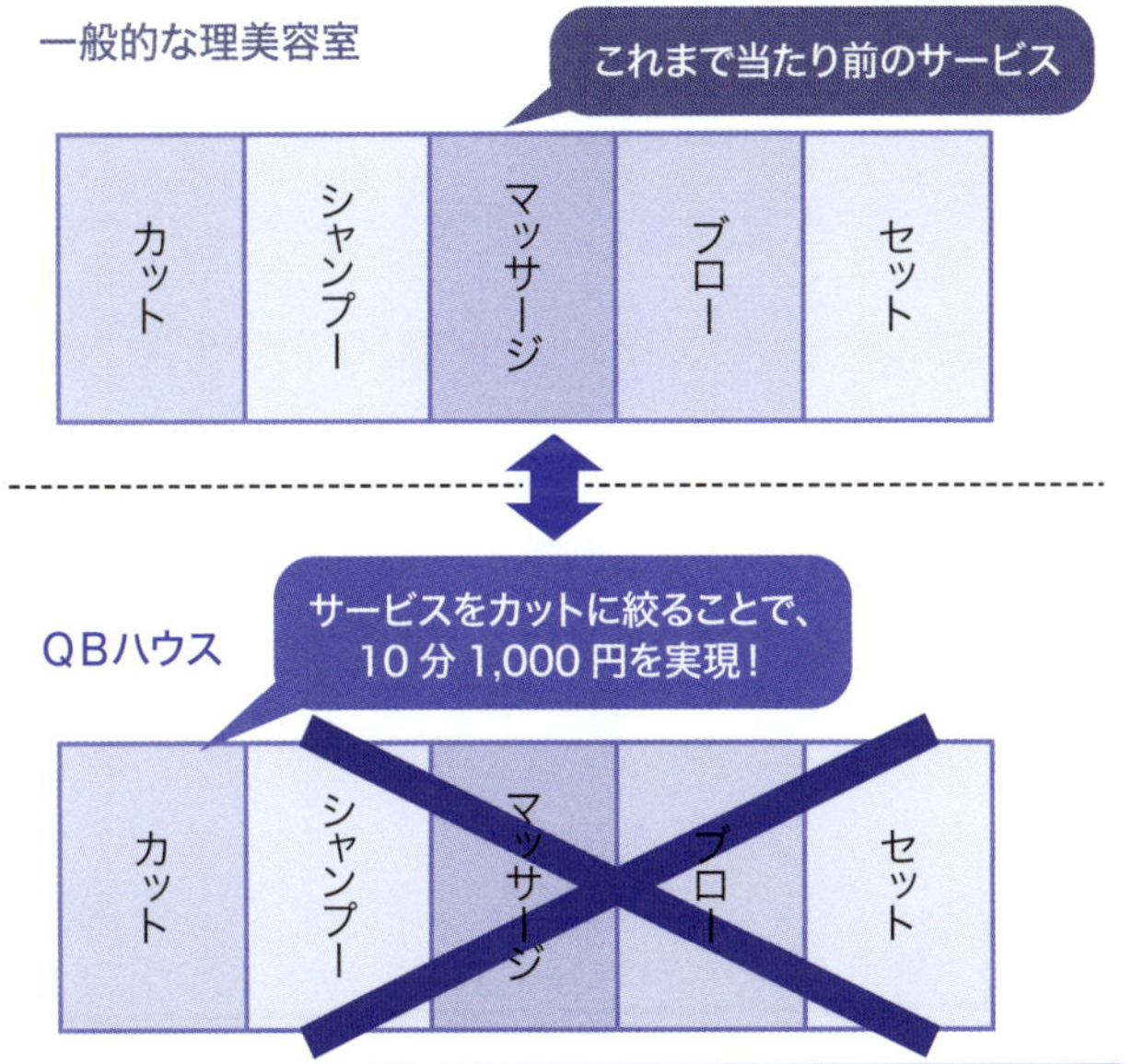

10分1,000円では商売上がったり！　にも見えるが、時給換算をすれば6,000円。回転率さえ上げられれば、十分に経営が成り立つ。

要点

提案できる価値

10分1,000円で散髪できる。

儲かる仕組み

ムダなサービスを省き、回転率を上げることで利益を確保。

経営資源／業務プロセス

埋もれていた理美容師、他店が敬遠する店舗用地、徹底的にムダを省いた業務。

QBハウスが省いたのは、シャンプー・洗髪。カット後の髪は「エアウォッシャー」と呼ばれる吸引器で吸い取ります。髪が濡れないのでブローもなし。シェービングや肩たたき、耳かきといった定番のサービスもありません。あくまでカットのみ。短時間でのカットの質が気になりますが、実は一般的な理美容室でもカット時間は10〜15分。時間は十分なのです。

▼予約もレジも電話もなくした！

QBハウスでは、事前の予約や理美容師の指名はできません。予約をとらないので電話もなし。支払いはチケット券売機で済ます方式で、レジ作業の手間を省きました。10分1000円のサービスは、このような徹底的な効率化に支えられているわけです。**カットの質を落とさず、余分なサービスを省くことで、時間とお金を節約したい人から支持を受けることができた**のです。

QBハウスは
こんなものまでなくしてしまった！

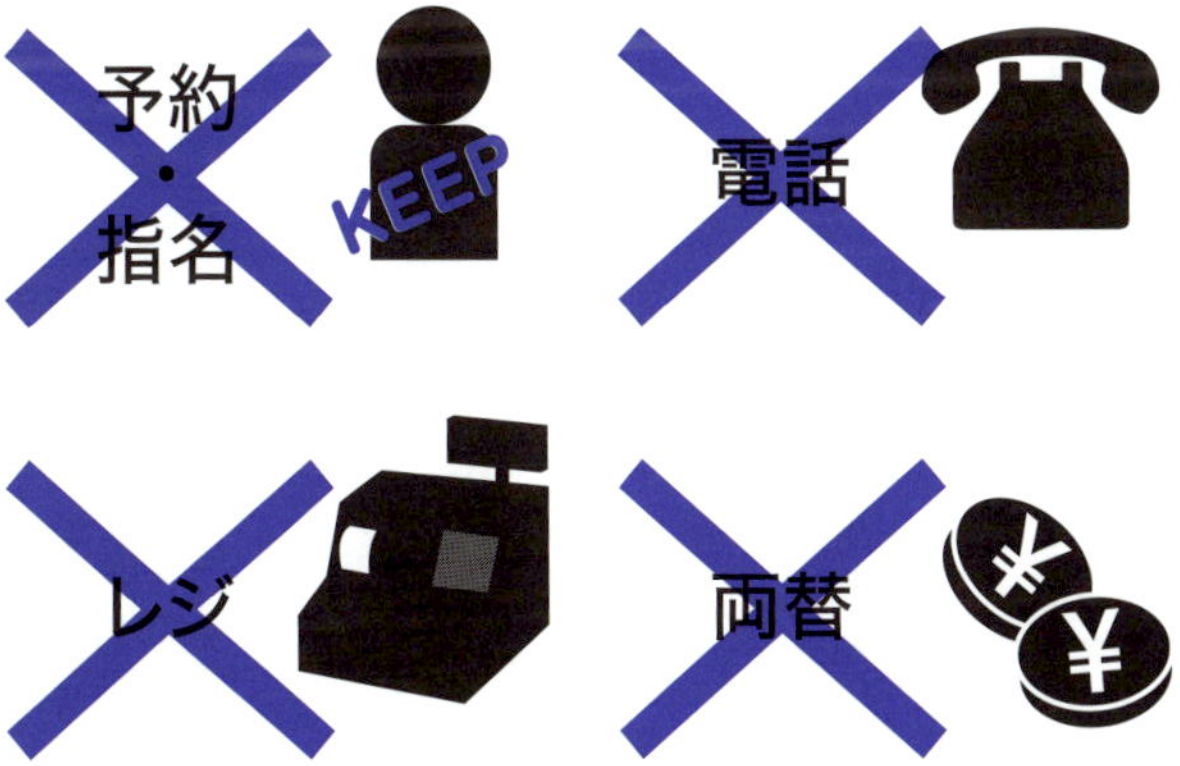

予約や指名制度をなくすことで、特定のスタッフに仕事が集中することや予約のドタキャンで手が空くことがなくなった。電話を取る手間もなくなった。支払いは券売機で料金を払う方式。両替にも応じないことで、作業が中断されることを防いでいる。

安眠を格安で提供することに絞って成功した企業例

スーパーホテル

利用モデル
ノンフリル▼90ページ

POINT 1泊4980円！「良い眠り」に特化したノンフリルなビジネスホテル

▼「安くぐっすり眠れる」に特化して、顧客満足度1位に

平均１泊７０００円程度のビジネスホテル業界で**「1泊・朝食付き4980円」という格安の宿を提供**。さらに**「ぐっすり眠れる」というユニークなコンセプト**に顧客価値を置き、成長を続けているのがスーパーホテルです。

店舗数は全国１００店舗を超え、１９８９年の創業以来売上は右肩上がりで現在は２０６億６０００万円。２０１０年のサービス産業生産性協議会の「顧

客満足指数第1位（ビジネスホテル部門）」をはじめ、多くの受賞歴を誇ります。
同社の成功を支えているビジネスモデルが「ノンフリル」。**サービスの簡略化によって、顧客価値を生み出す**手法です。

▼「ノーキー・ノーチェックアウト」でローコスト&ハイクオリティ

ノンフリルを象徴するのが「ノーキー・ノーチェックアウト・システム」でしょう。実はスーパーホテルは宿泊施設には欠かせない、宿泊時のチェックアウトが必要ありません。なぜなら、部屋にカギがないからです。

宿泊者はまずチェックイン時にフロントでカギではなく、部屋番号と暗証番号がプリントされた領収書を受け取ります。この暗証番号を部屋の扉に設置されたプッシュ式のボタンで打つと、カギが開く仕組みです。カギの返却がいらないので、チェックアウト時にフロントの必要がないわけです。また部屋には電話もありません。これもチェックアウト時の精算の手間を省き、また問い合わせなどによるスタッフ対応の手間も省ける狙いもあるでしょう。こうしてホテル側は業務を効率化でき、大幅なコストダウンを実現できています。もちろん宿泊客も、チェックアウト時にムダに待たされるストレスが軽減されます。

ただし、**安いからといってサービスの質が悪いわけではなく、浮いたコストは「ぐっすり眠れる」というコンセプトの実現に回しています**。たとえばマットレスは高額な低反発マットを採用し、枕は高さの違う7種類を用意して、パジャマやスリッパなども、割高でも血流をよくして「安眠」につながるものを採用しています。

ビジネスホテルのメインの顧客は、出張者です。出張者がホテルに求めるニーズは「安眠」がトップです。**居住性や装飾に過度なコストをかけず、その分絞ったサービスに注ぎ込む。ニーズを見誤らず成功**した例ともいえるでしょう。

部屋のカギは扉の暗証番号で開くシステムを導入。その他、冷蔵庫の飲料や電話などの精算が必要なものをなくしたことでチェックアウトなしで退出できる。こうしてローコスト＆ハイクオリティを実現している。

要点

提案できる価値

安眠するための設備に特化。その分リーズナブルに。

儲かる仕組み

業務効率化。コストダウンを図り、格安に。集客につなげ利益を確保。

経営資源／業務プロセス

ノーキー・ノーチェックアウトシステム。安眠設備。ベッドの下にスキマなし。

CASE

10

自社の事業を「インフラビジネス」に絞り込むことで成功した企業例

鴻海（こうかい）精密工業

利用モデル アンバンドリング▼96ページ

POINT 受託生産に専念することで、世界一の製造ノウハウを築く

▼売上高は日立や日産を上回る、台湾の巨大企業

「アンバンドリング」で成功した例の一つが、台湾の鴻海精密工業です。**「フォックスコン」**の名でも知られています。１９７４年の創業当初は小規模な企業でしたが、今やグループの年間売上高は９兆７１２６億円（２０１１年）。日立製作所や日産自動車の連結売上高を超えています。

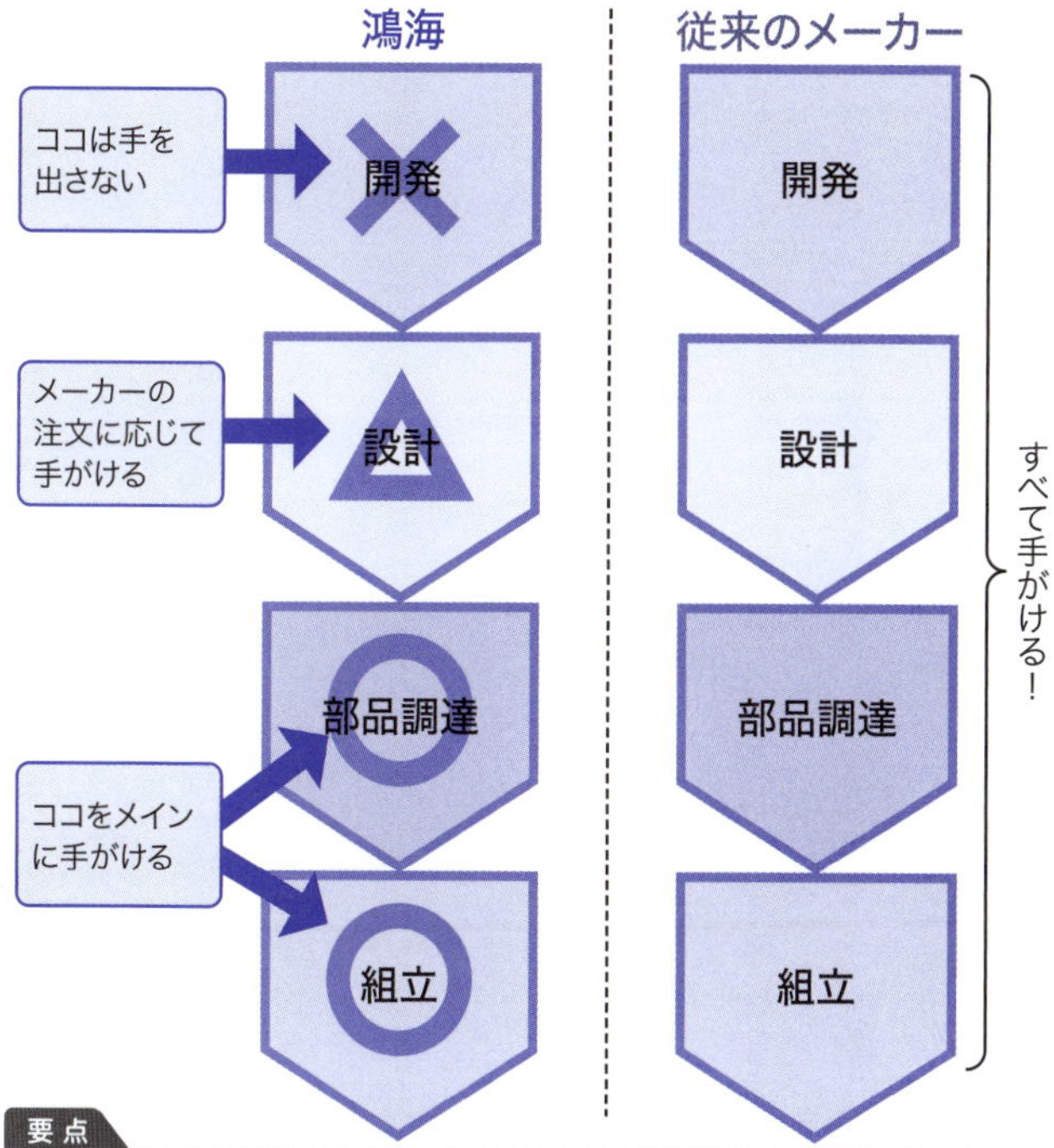

要点

提案できる価値

高度な技術を要する電子機器を、低コストで大量生産。

儲かる仕組み

中国やベトナムの大規模生産設備での大量生産によって利益を確保。

経営資源／業務プロセス

大規模生産設備と製造ノウハウ。受託生産に特化し高度なノウハウを蓄積。

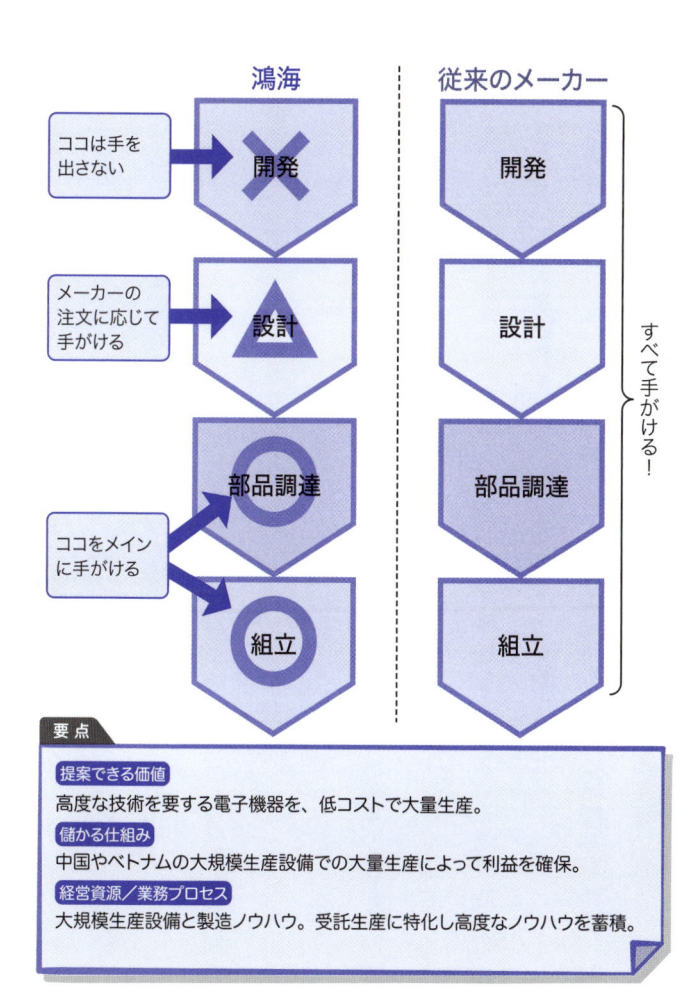

▼最強のＥＭＳとして、ｉＰｈｏｎｅの製造を任される

成長を遂げた理由は、**自社の事業を「インフラビジネス」**（98ページ参照）**に絞り込み、この分野で世界最高の実力を身につけた**ことです。

インフラビジネスに絞り込む業態は、電機業界では、一般的にＥＭＳ（Electronics Manufacturing Service。電子機器の受託生産サービス）と呼ばれます。かつて、メーカーは自社で工場を持つのが当たり前でしたが、近年は、自社工場を持たずに、企画と設計だけを手がける**「ファブレスメーカー」**が増えました。また、一部の製品だけファブレス化しているメーカーも少なくありません。そうした企業は、ＥＭＳに対して、「単純な生産を安く請け負う」ことではなく、「難解な設計や製造、大量生産」を求めてきます。

その期待に応えてきたのが、鴻海です。**自社製品の開発には目もくれず、生産だけに経営資源を集中することで、高度な製造ノウハウを蓄積**。また、**人件**

費の安い中国やベトナムに20～30万人が働く超巨大生産拠点を確立しました。

その結果、「弊社の製品は鴻海でないとつくれない」と生産を依頼する企業が続出するようになりました。今や、アップルのｉＰｈｏｎｅ、ソニーのゲーム機やパソコン、モトローラ社の携帯電話など、世界各国の大企業から高度な製品の生産を請け負い、「最強のＥＭＳ」として知られています。

ただ、そんな鴻海も、アップルの減速や中国の人件費上昇で、利益率が低下している様子。ついに自社ブランドの液晶テレビを開発・販売する意向を示しています。アンバンドリングの枠を破ることが吉と出るか凶と出るか、注目したいところです。

ビジネスモデルを上手に組み合わせて成功した企業例

ＩＫＥＡ（イケア）

利用モデル
ノンフリル▼90ページ
ＳＰＡ▼１０２ページ

POINT
「ノンフリル」＆「ＳＰＡ」によって、ライフスタイルに合わせたファッショナブルなインテリアを低価格で販売

▼客が自分で運び、組み立てることで低価格を実現

ＩＫＥＡは、１９４３年にスウェーデンで誕生した家具のグローバル企業。**ファッショナブルな上に低価格のインテリアや家具を販売していることが特色**です。現在、世界26カ国で店舗展開。日本では２００６年に1号店がオープンしました。ただし、正確には、それは再進出。実は80年代に一度日本から撤退しています。当時の日本ではＩＫＥＡ流の販売方法がなじまなかったからです。

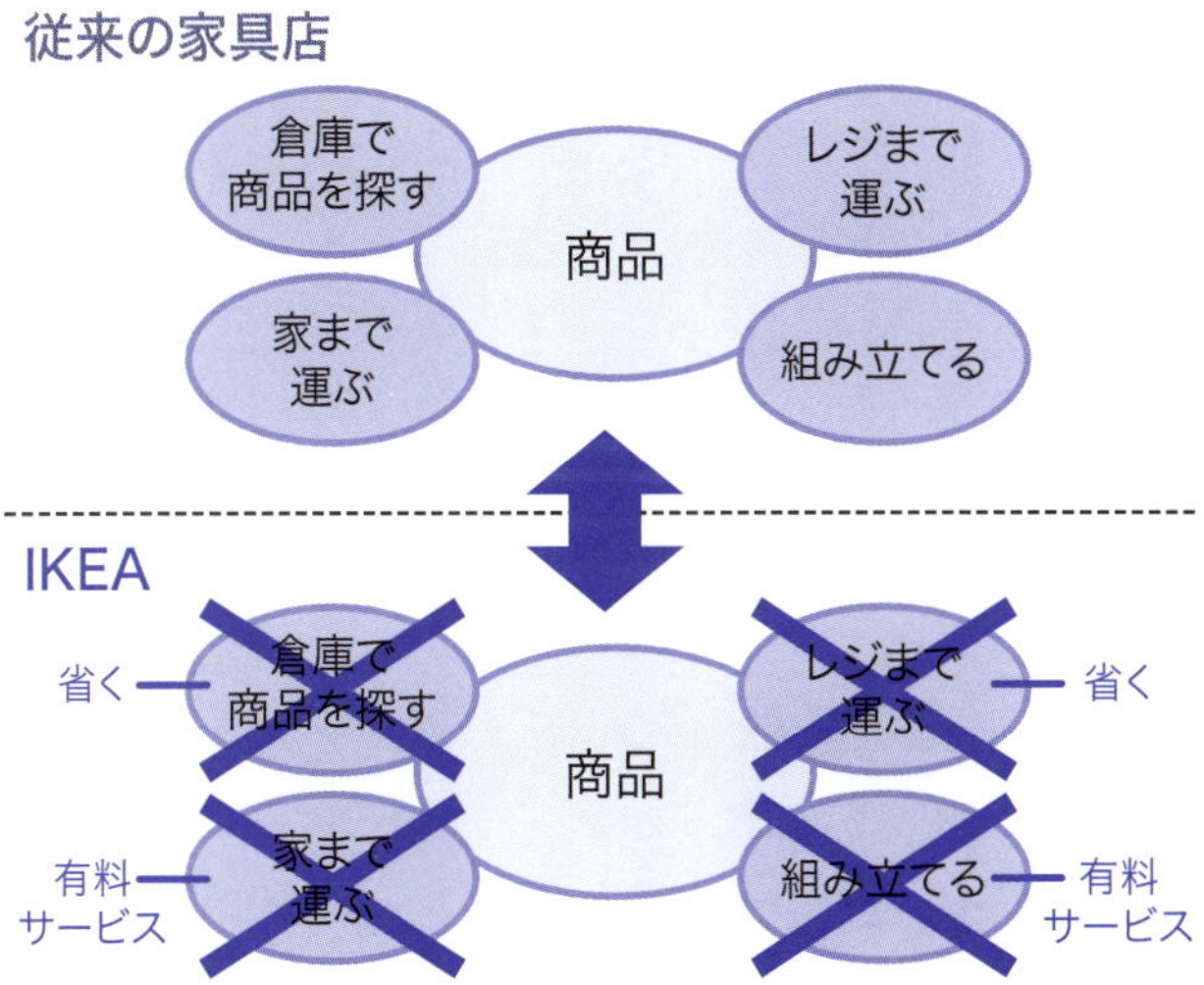

従来の商品価格には、「倉庫で商品を探す」「レジまで運ぶ」「組み立てる」「家まで運ぶ」といったさまざまな人件費が含まれていた。IKEA では、「人件費」と「商品そのもの」を分けることで低価格を実現。

要点

提案できる価値

安価でファッショナブルな家具・雑貨。

儲かる仕組み

ムダなサービスを極力省くことで、低価格ながら、高利益率を達成。

経営資源／業務プロセス

デザイナー、世界中の安価な生産拠点、SPA、世界共通のオペレーション。

ＩＫＥＡでは店舗は一種のショールーム。気に入った家具を見つけたら、客は家具の番号をメモして倉庫に行きます。家具の番号は倉庫の位置を示していて、それを頼りに自分で家具を探して、カートに積み、レジまで持っていきます。会計を終えたら、車まで自分で運び、家に着いたら自分で組み立てます。

つまり、「販売員が倉庫から出してレジまで運ぶ人件費」「配送費」「組み立てに要する人件費」を省くことで、低価格での販売を実現しているわけです。言い換えれば、**本質に関係ない部分を省き、コアな部分だけを提供する「ノンフリル」を活用することで、低価格を可能にした**のです。

もっとも、日本人は数十キロもするような重たい家具を運んだり組み立てたりすることには慣れていません。一人暮らしの女性や高齢者が重たい荷物を運ぶには無理があります。車を持っていない人もいるでしょう。こうした人たちに対するフォロー体制が整っていなかったため日本市場で受け入れられず、撤退せざるを得なかったわけです。そこで、**再進出のときには、有料での宅配サービスや組み立てサービスを用意**しました。客は、自分の都合に合わせて、どこを「ノンフリル」にするのか選べるようになりました。

デザインの出発点はサイズと価格

低価格を実現するためには、生産体制も重要です。同社では、**企画から材料調達、製造、流通などすべてを手がける「SPA」を取り入れています**。中間マージンを省けることに加えて、「ノンフリル」モデルに適したデザインにできるからです。典型は決められた大きさのパッケージにすること。それは、コンテナに効率的に詰め、倉庫に効率的に置ける大きさです。この条件を満たした上でデザインを考えます。このこだわりが、ファッション性と低価格を両立させているのです。

CASE 12

高機能を担保するブランドを確立した企業例

ゴア

利用モデル
オープンビジネス▼108ページ

POINT
画期的な特殊素材を、外部メーカーを絞りつつも、オープンに提供

▼繊維素材をブランドに高めることに成功

「GORE-TEX®（ゴアテックス）」という文字のプリントや刺繍を、アウトドアウェアの胸元や袖口で、見たことがある人は多いのではないでしょうか。

ゴアテックスは、アメリカのゴア社が開発した防風・防水と共に透湿という本来なら相反する性質を持った画期的な繊維素材のことです。雪山など、過酷な条件で高い機能を発揮することを求められるアウトドアウェアの世界におい

CASE 12

ゴア

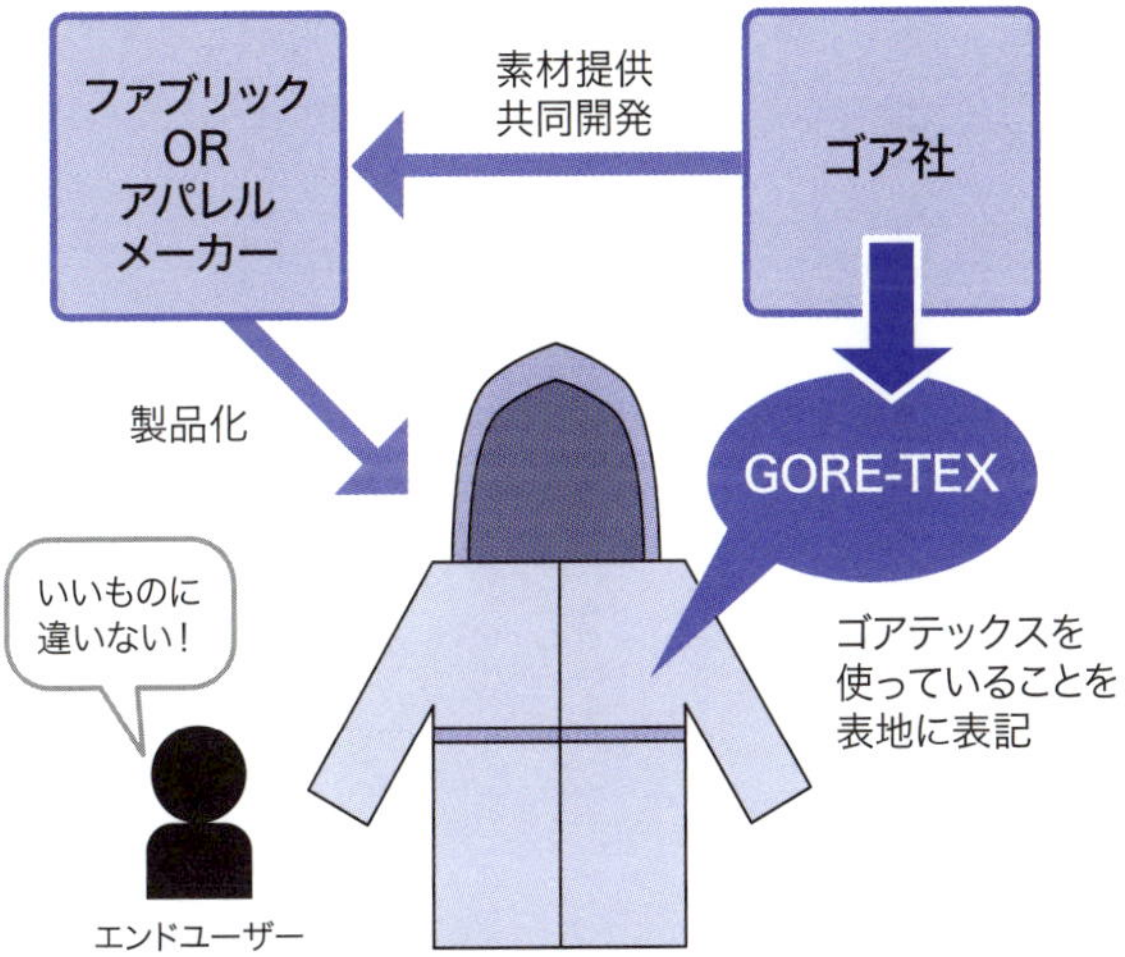

ゴアテックス素材を使用するのはメーカーのなかでも上級製品のみに限定。結果として「上級製品にしか使われないならいい素材に違いない」「ゴアテックスを使っている製品は上級品に違いない」とブランド認知されるようになった。

要点

提案できる価値

防水・防風性がありながら透湿性のある高機能素材。

儲かる仕組み

アウトドアメーカーと組み、商品開発。上級製品に限って採用させ、付加価値アップ。

経営資源／業務プロセス

医療用の高品質繊維素材を転用。上級製品には「GORE-TEX」のロゴ表記。

て素材名ながらも、**「高機能を担保するブランド」**として知られています。

原料は、同社のそもそもの起源である画期的なポリマー素材「ｅＰＴＦＥ」です。他の物質に反応せず、細胞に炎症や免疫反応も起こしづらいなどの特色を持つため、ｅＰＴＦＥは主に医療用の素材分野で売上を伸ばしてきました。その優れた性能を生かして開発された生地がゴアテックスです。

しかし、単に良い素材を使ったことだけが成功要因ではありません。**「インサイドアウト」と呼ばれるオープンビジネスモデルが功を奏した**結果といえるでしょう。

「ゴアテックス使っています」が良い製品の証しに

本来、部品や素材のメーカーは、エンドユーザーに直接ブランド価値を見出してもらいづらい業種です。しかし、ゴア社はゴアテックスの良さを正確に伝えることが、「良い素材を求める」消費者と共に「付加価値の高い製品づくり」を求める製品メーカーにとっても大きなメリットがあると考えました。

そこで同社は**パートナーとして限定した生地メーカーあるいはアパレルメーカーにのみ製品を提供。**同時に彼らとは高い防水性と透湿性をつくりあげるため、生地づくりや素材を生かす目止めテープの開発や縫製法の開発などを共同で手がけたのです。こうしてゴアテックス素材の「防水性・透湿性」には磨きがかかりました。同時にメーカーにはゴアテックスを利用したウェアやバッグには製品の表地に必ず「GORE-TEX®」と表示すること、また「メーカーの上級製品にのみゴアテックス素材を採用する」ことを条件としました。

結果、エンドユーザーは「良い製品にだけゴアテックスが使われている」と考え、また「ゴアテックスを使っているなら良い製品だろう」と認識するようになったのです。こうして**素材はブランドとして認知された**わけです。

CASE

13

ネットで売りにくい商品を実店舗との連携で売れるようにした企業例

オーマイグラス

利用モデル

Ｏ２Ｏ▼１１４ページ

POINT 既存のメガネチェーンと組むＯ２Ｏで、ネット通販のデメリットを補完

▼インターネット専業でブランドメガネをどこよりも安く売る

オーマイグラスは２０１２年にオープンした**メガネ専門の通販サイト**です。世界有数のメガネ産地である福井県鯖江の製品や、オリジナルブランド「+omg」をはじめとした国内外の約１００ブランド・３０００種類のフレームを販売※。流通コストが低いネット通販の強みを生かし、これらを市価より数割安い低価格で販売して、人気を博しています。売上は非公表ですが、リピート率

※2013年8月時点

オンライン

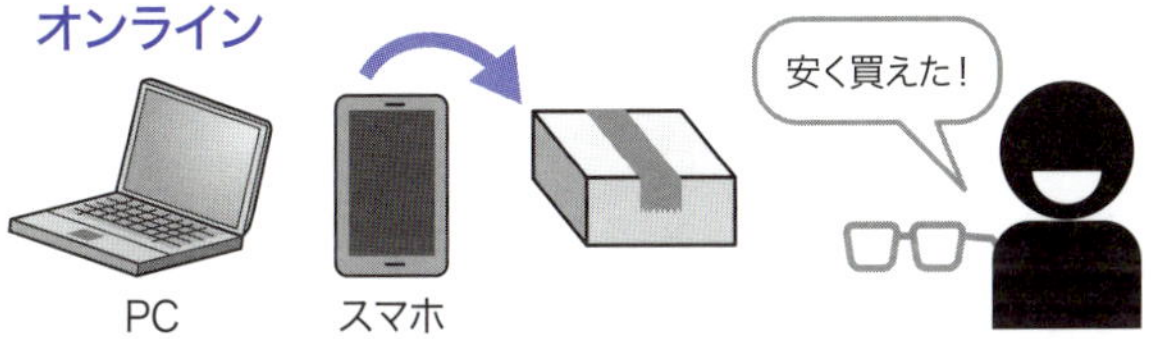

オーマイグラスのサイトでメガネを購入！
まずはPCやスマホでサイトにアクセス。3000種に及ぶ多彩なメガネを安く購入できる。「5本まで試着無料」のサービスも躍進の一因。

オフライン

提携するメガネチェーン店で無料フィッティング！
全国1200店舗に及ぶ提携メガネチェーン店に持ち込めば、無料でフィッティングや視力測定が可能。今後拡大が確実で、また検眼が不可欠な老眼市場において、さらなる飛躍が見込めそうだ。

要点

提案できる価値
3000 種類のメガネフレームからお気に入りのメガネを自宅で買える。

儲かる仕組み
直販による利益率の向上。修理やレンズ交換代は提携メガネ店に入る。

経営資源／業務プロセス
メーカーやメガネ店と広範なネットワーク。検眼やフィッティングは街のメガネ店を活用。

は30〜40％。通常のメガネ販売店のリピート率は５％程度です。

メガネは本来、「ネットで最も売りにくい商品」の一つと言われてきました。メガネを買う際には度を合わせる「視力測定」や、掛け心地を調整する「フィッティング」などが不可欠だったからです。

にもかかわらず、**同社が躍進した秘密はユニークなＯ２Ｏにあります。**

全国１２００店舗のメガネ店で、無料で検眼できるサービス

オーマイグラスは実店舗を持っていませんが、「メガネドラッグ」、「ビジョンメガネ」といった大手メガネチェーン店を含めた全国約１２００店舗と提携しています。これら**提携店に「オーマイグラス」で購入したメガネを持ち込めば、視力測定やフィッティングに対応してもらえる**、というわけです。

この「オーマイグラスから提携先のメガネチェーンへ」というＯ２Ｏの仕組

みによって、ユーザーは、オーマイグラスのサイトで、心置きなく多彩で値段を抑えたメガネフレームを選べるようになりました。

ちなみに修理とレンズ交換に関しては有料で、この売上が提携店舗に入るという仕組みになっています。**オーマイグラスにとってはメガネのネット通販を避けていたユーザー層をつかまえることができ、提携店側にしてみたら、新たな見込み客の開拓にもつながった**というわけです。

周知のとおり、既存メガネチェーン店は、低価格ＳＰＡの隆盛で売上を減らしています。しかしネット専業企業と組めば、互いに補完関係が見出せます。だからこそ、オーマイグラスは１年足らずで提携先１２００店舗に及ぶ巨大なバリューチェーンを築き上げられたのでしょう。この店舗数は競合単体チェーン店を抜いて１位です。

こうした戦略的なＯ２Ｏ提携は、他業界、他業態でも活用できそうです。

昔からあるビジネスを進化させた企業例

タイムズ24

利用モデル
アンバンドリング▼96ページ
ペイアズユーゴー▼１２０ページ

POINT
「アンバンドリング」&「ペイアズユーゴー」で、ドライバーと土地オーナーにメリットがある仕組みづくり

▼100円パーキングの先駆け

15分、20分といった分単位で課金される**100円パーキングの先駆けが「タイムズ24」**です。それまでの駐車場は、１時間単位で課金するのが普通でした。たとえ10分しか駐車しなくても、１時間分の料金がかかります。そこに同社は疑問を呈し、１００円パーキングという概念の駐車場をつくったわけです。

１９９１年にスタートすると、駐車料金が高額な都市部で圧倒的に支持され

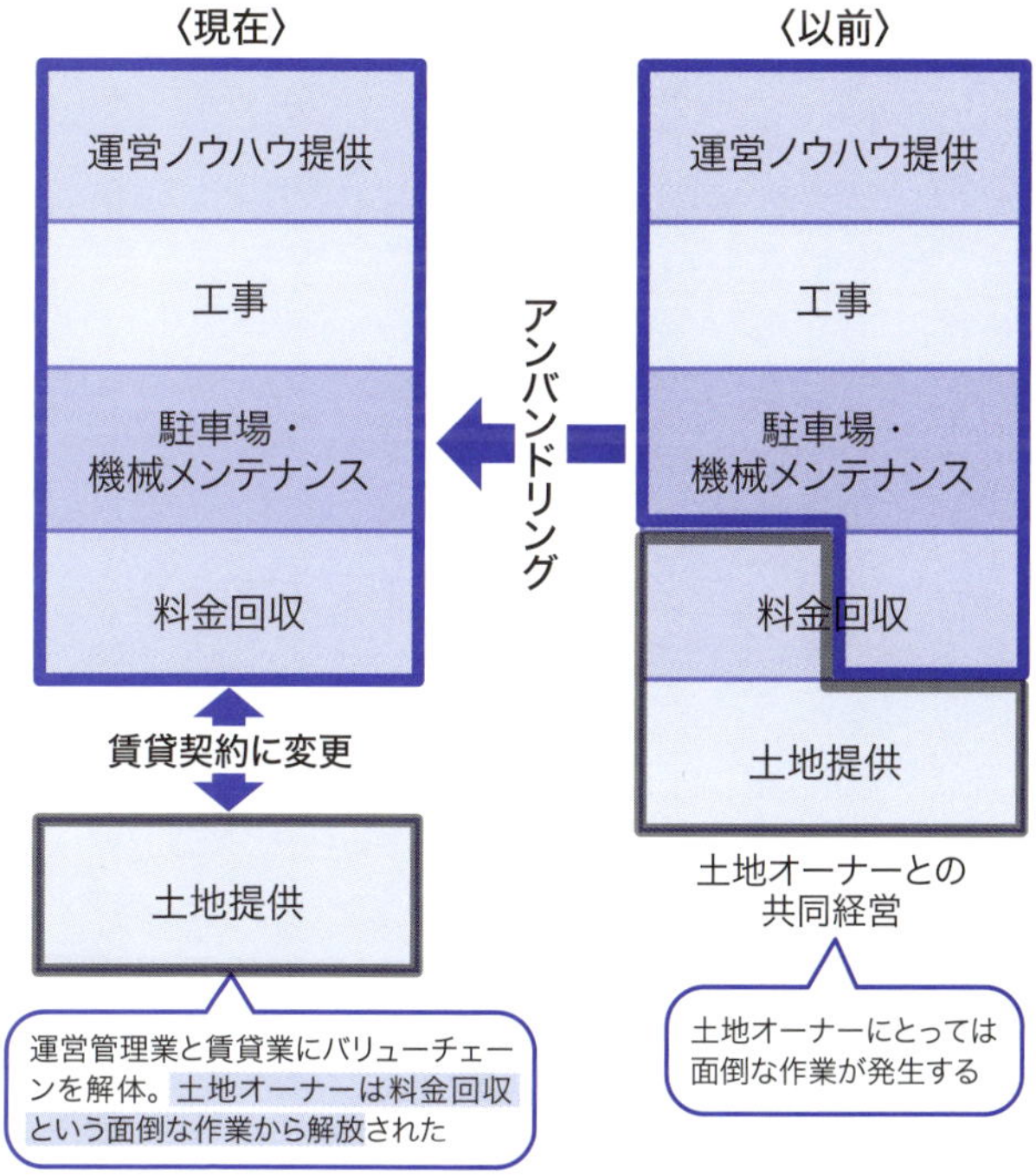

要点

提案できる価値

15分、20分など時間単位を細かくすることで、短時間の利用者の料金を安くした。

儲かる仕組み

すべて自動管理にすることで、人件費を抑えながらも 24 時間営業を実現。

経営資源／業務プロセス

駐車場用の土地を提供してくれるオーナー、駐車場の自動システム。

ました。駐車可能台数は95年に1万台、２０１０年には30万台を突破しました。

「時間単位」も「分単位」も**使った分だけ駐車料金を支払う「ペイアズユーゴー」**ですが、より細かい単位にしたことで、「時間単位」というおおざっぱな分け方に不満を感じていた人たちのニーズを見事につかんだわけです。

▼土地オーナーがリスクなしに駐車場を経営できる仕組み

「タイムズ24」をタイムリーに展開していくためには、大量の土地が必要です。同社では遊休地の活用方法の一つとして、土地オーナーに無人駐車場の共同経営を提案しました。タイムズ24が駐車場運営の機材や管理・運営ノウハウなどを提供するかわりに、土地オーナーは土地を提供します。駐車場の収益は、タイムズ24と土地オーナーで折半です。ところが、この仕組みは大不評でした。オーナーはいちいち料金回収に立ち会う必要があり、面倒だというわけです。

そこで、同社では、駐車場事業を賃貸業と運営管理業に分けました。**業務の性格によってバリューチェーンを分解する「アンバンドリング」の活用**です。共同経営スタイルからオーナーに土地を借り受けて駐車場事業を行うというスタイルに変わりました。収益の折半はやめ、賃貸料を土地オーナーに支払う仕組みに変えました。土地オーナーは、大儲けのチャンスもなくなったかわりに、大損のリスクもなくなりました。以来、安定した収入が得られる遊休地の効率的な活用法として爆発的に広まったわけです。

09年には、カーシェアリング「タイムズカープラス」がスタートしました。「タイムズ24」の駐車場で、車を借りられるサービスです。料金は15分ガソリン込みで２００円から。これもまた、「ペイアズユーゴー」です。

駐車場やレンタカーなど昔からあった普通のビジネスを、タイムズ24は「ビジネスモデル」と捉え直し、研ぎ澄ましたことで大成長を遂げたわけです。

ビジネスモデルの掛け合わせで成功した企業例

カーブス

利用モデル
ノンフリル▼90ページ
フランチャイズ▼１２４ページ

POINT
「ノンフリル」&「フランチャイズ」によって、フィットネスクラブと縁遠かった中高年女性を取り込む

▼シャワーや鏡がなく、男性がいないフィットネスクラブ

１９９２年にアメリカのテキサス州に１号店をオープンして以来、急速に店舗数を増やし、**わずか10年で世界的なフィットネス・チェーンに成長したのが、「カーブス」**です。日本でも、２００５年の進出からわずか８年間で全国１３００店舗に広がりました。会員数も58万人に上っています。

快進撃の理由は、従来のフィットネスクラブから**「3つのM」**を取り除き、

従来店		カーブス	
いる	男性	いない	恥ずかしくない！
ある	鏡	なし	落ち込まない！
ある	激しい運動	なし	誰でも気軽にできる！
ある	シャワールーム	なし	場所を選ばず住宅街や商店街に出店できる
ある	プール	なし	

従来のフィットネスクラブから、中高年女性が「不要」だと感じていた要素を排除することで、彼女らを取り込むことに成功した。カーブスの会員のうち、50 歳代と 60 歳代の女性がそれぞれ全体の3割ずつを占めている。

要点

提案できる価値

男性客がおらず、女性が気軽に通える近所のフィットネスクラブ。

儲かる仕組み

設備を簡素化し、初期費用を抑える。気軽にできる仕組みで、潜在需要を獲得。

経営資源／業務プロセス

余っている土地やビルの一室を利用。フランチャイズ化。

「運動不足は気になるが従来店には行きにくい」中高年女性を取り込んだこと。

「3つのM」のうち、1つ目は「**Men**」です。実はカーブスは女性専用。自信のない体型や必死で運動する姿を男性に見られるのが恥ずかしい、と考える女性は多いでしょう。客もスタッフも男性はいないので、気兼ねなく通えます。

2つ目の「M」は「**Mirror**」です。普通、フィットネスクラブは自分の動作を確認できるようにルーム内に鏡がありますが、カーブスにはありません。「鏡で自分の体型を見ると、不愉快になる」という女心を考えてのことです。

3つ目の「M」は、「**Makeup**」、つまり化粧です。「男性がいないから、化粧をする必要がない」という意味だけでなく、「化粧直しの時間をとらない」という意味もあります。カーブスのトレーニングは、器具を使ったプログラムに沿って行うのですが、そのプログラムには化粧がとれるほど激しい運動がないのです。そのため、同店にはシャワー室がありません。プログラム自体も30

分程度で終わるため、忙しい人でも日常の空いた時間で運動ができます。

月会費も５９００〜６９００円と手ごろ。**従来店に対する中高年女性の不安や不満をとことん解消することで、多くの潜在顧客をつかんだ**のです。

▼狭い場所を活用できるモデルを構築したことで、8年で１３００店に

店舗数を全国１３００店に拡大できたのは、フランチャイズ展開をしたからです。カーブスはシャワールームやプールがない上、トレーニング器具も限られているので、場所を選ばず40坪程度の場所があれば出店できます。

これに、余っている土地やビルの一室を有効活用したい不動産オーナーが飛びつきました。住宅街や商店街など主婦が通いやすい場所に多く出店できたのは、そのためです。「遊んでいる場所をなんとか活用したい」ニーズを解消するモデルを構築したこともまた、カーブス成功の大きな要因といえるでしょう。

CASE 16

値引きを機械的に行うシステムで成功した企業例

ドンドンダウン オンウェンズデイ

利用モデル
ノンフリル▼90ページ
フランチャイズ▼124ページ

POINT 「ノンフリル」な価格システムで掘り出し物を買う楽しみを増幅

▼毎週水曜日になると、機械的に値段が下がる!?

青森・八戸の小さな古着屋から、わずか8年で全国60店舗以上を持つ古着・雑貨チェーン店へと成長したのが、「ドンドンダウン オンウェンズデイ」です。人気の秘密は、ユニークな価格システムにあります。**毎週水曜日になると、商品の値段が、服の価値に関わらず機械的に下がる**のです。

商品には、値札のかわりに、野菜や果物のイラストが描かれたタグがついて

仕入れ

買取もシステマチック。基本は全品買取。最も安くて1kg・10円。人気の出そうなものは1kg・50円か500円で買い取る

↓

店頭で販売

商品の値段が、毎週1段階ずつ下がる。商品によっては初回の値段が7,350円より下の位から始まることもある

↓

海外へ卸す

105円にしても売れなかったら、海外にまとめて売却する

古着・雑貨

今週の値段表

○ 7,350円
△ 5,250円
■ 4,200円
∫
10段階に分かれる
∫
◎ 315円
▼ 105円

『毎週水曜日ドンドン値下がり』がモットー！

要点

提案できる価値

バラエティに富んだ古着をゲーム性の高い価格システムで提供。

儲かる仕組み

古着の販売。売れ残りは海外にまとめて売却。フランチャイズで本部のリスク低減。

経営資源／業務プロセス

目利きなどの人的能力に左右されない運営システム。

います。商品の値段は、そのタグをもとに、店内に掲示された「今週の値段表」でチェックする仕組みです。今週の値段表は、７３５０円から１０５円の10段階に分かれています。たとえば、スイカのイラストの品が、今週は５１５０円だとしましょう。これが翌週の水曜日には４２００円、さらに翌週には３１５０円、と1段階ずつ値下がりしていくのです（２０１４年2月現在）。

客から見れば、このシステムは、相場よりはるかに安い、掘り出し物のブランド服を買えるチャンスがあります。服の仕入れ値に関係なく、自動的に値段が下がるからです。ただし、じっと値下がりを待つと他の客に先を越されます。このような**ゲーム感覚の駆け引きが楽しめるところが、同店の魅力**なのです。

▼「目利き」を排除することで、フランチャイズ展開が可能に

ドンドンダウンの特筆すべき点は、他にもあります。**「目利き」を排除する**

ことで、誰でも古着店を運営できるようにしたことです。

古着に限らず、古道具は、二束三文に見える品に、数百万円の価値が眠っていることがあります。その価値を見抜けるか否かで、古物商としての稼ぎが決まりました。しかしドンドンダウンは、目利きの力がなくても運営することができます。1キログラム50円か500円で買い取り、水曜日に値下がりする販売システムに乗せれば、「値段は客が決めてくれる」からです。

売れ残った古着は海外に卸すルートを確立しているので、売れ残りのリスクもそれほど負いません。また、値札の付け替え回数も少なく、店舗運営の手間も少なくて済むのです。

以上の特色から、同店は開業当初からフランチャイズを募集してきました。だから、急速に店舗網を拡大できたわけです。**「ノンフリル」を追求したことで、「フランチャイズ」としても成功できた好例**といえるでしょう。

CASE 17

BTOの代名詞の企業例

デル

利用モデル
BTO▼130ページ

POINT BTOを駆使して、自由にカスタムできるパソコンを身近な存在に

▼トヨタ自動車の「カンバン方式」を早い段階で導入

「BTO」の代名詞として知られるのが、パソコンメーカーの「デル」です。

かつてパソコンは大量生産品を買うのが当たり前。それに満足できず、「処理速度を速くしたい」「ハードディスクを増強したい」と考える人はいましたが、その多くは、「特注すると面倒だし、費用もかさむ」と考え、妥協していました。

このニーズに着目したのが創業者のマイケル・デルです。1985年に、顧

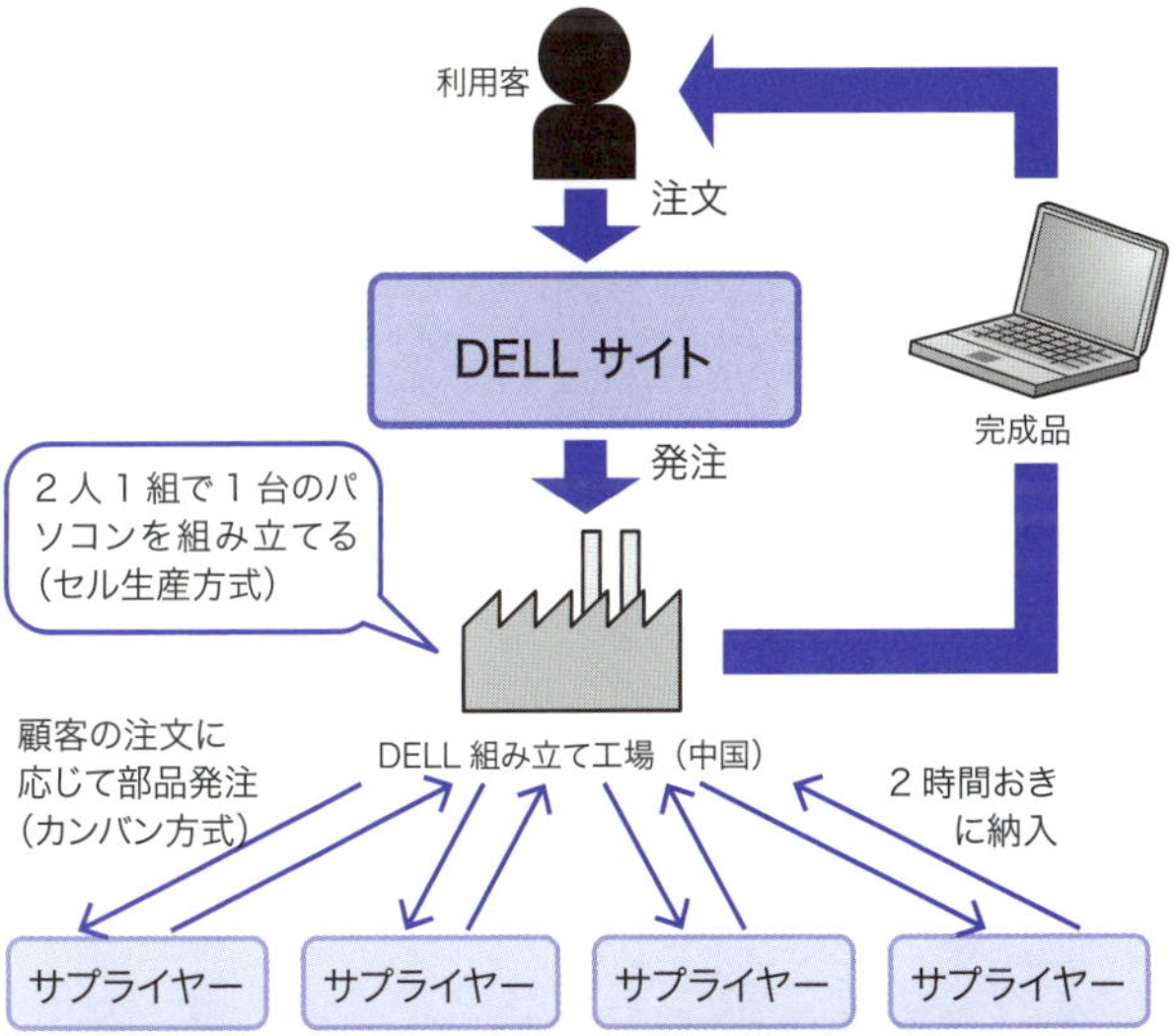

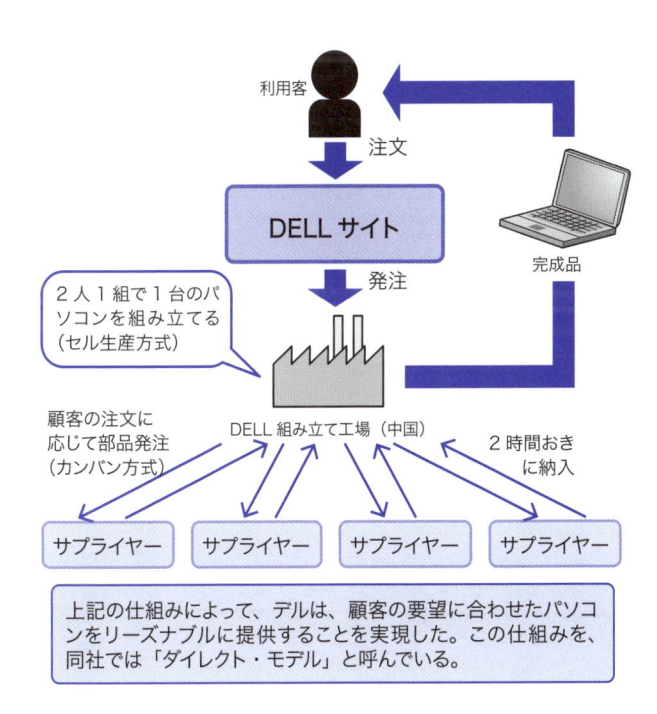

上記の仕組みによって、デルは、顧客の要望に合わせたパソコンをリーズナブルに提供することを実現した。この仕組みを、同社では「ダイレクト・モデル」と呼んでいる。

要 点

提案できる価値

手頃な価格で、自由にカスタムできるパソコン。

儲かる仕組み

注文後に組み立てる仕組みで在庫量を適正にコントロールするなど、ムダを排除。

経営資源／業務プロセス

人件費の安い国にある生産拠点。カンバン方式やセル生産方式などの生産技術。

客の要望に合わせて、機能や付属品の有無などを選べるパソコンを販売。当初は客先を営業するスタイルでしたが、**1996年にネット上で必要な機能を選ぶだけで、思い通りのパソコンを手軽に買えるサイトを開設**しました。

もっとも、それだけでは単なるオーダーメイドに過ぎません。デルが支持されたのは、そのパソコンを、リーズナブルな価格で提供したからです。低価格の理由の一つは、直接消費者に売ることで中間マージンを削減したこと。

そして、生産工程を徹底的に効率化し、大量生産と柔軟な生産体制の両方を実現したことです。たとえば、トヨタ自動車の生産方式「カンバン方式」を、早い段階で導入しました。デルは部品を外部のサプライヤーから仕入れていますが、組み立てる直前に「午後1時に部品Aを52個、部品Bを43個納品してほしい」などと、必要な分だけ部品を発注するのです。**すると完成品在庫や仕掛り在庫が減るので、余計なコストを抑えられ、商品を安くできる**わけです。

STEP

第 4 章

新たな
ビジネスモデルを
構築するには

STEP 00

ビジネスモデルを構築するための5ステップ

POINT 現状の把握、潜在ニーズの発見、ニーズを解決するモデルの構築、採算のシミュレーション、実行の5つ

▼大事なのは基本を理解すること

最後の章では、実際に新たなビジネスモデルを構築するための流れを解説していきます。これまで紹介してきた企業事例などから導き出したのが、左の**5つのステップ**です。あくまで基本的な手順ですが、会社の事業分野の枠内で新たなビジネスモデルを構築するときでも、枠をつくらず自由にビジネスモデルを考え出すときでも、同様に利用できます。

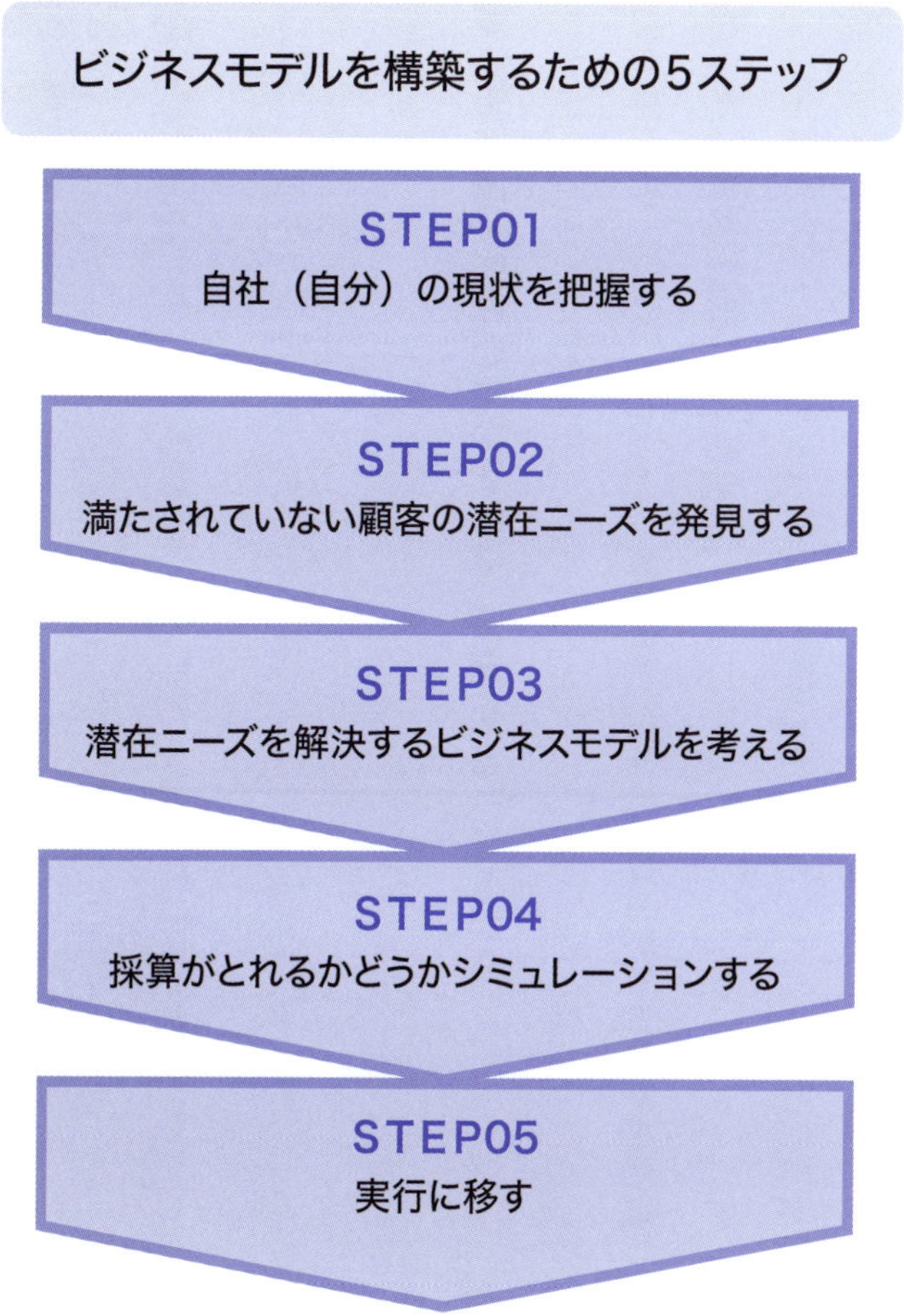
ビジネスモデルを構築するための5ステップ
STEP01
自社（自分）の現状を把握する
STEP02
満たされていない顧客の潜在ニーズを発見する
STEP03
潜在ニーズを解決するビジネスモデルを考える
STEP04
採算がとれるかどうかシミュレーションする
STEP05
実行に移す

STEP 01

自社（自分）の現状を把握する

POINT 自社の経営資源・可能な業務プロセスを「SWOT分析」で理解する

▼経営資源や強みを生かすには「己を知る」ことから

ビジネスにおける基本中の基本は、ヒト・モノ・カネ・情報などの自社の経営資源を上手に活用すること。**会社にどんな経営資源があるのかを把握していないと、十分に活用できません。**

「自社のことはよくわかっている」と思うかもしれませんが、他部門が思わぬノウハウを持っていることもあります。灯台もと暗しではありませんが、人は身近なことほど見えないものです。

また、**他社がマネできないビジネスモデルを構築するには自社の強みを生かすことが重要**です。自社の強みや弱み、市場環境についても振り返りましょう。

一方、個人がいちから起業する場合でも、自分の経営資源、つまり、これまで培ったスキルや人脈を生かすことで、成功しやすくなります。自分のスキルや人脈の棚卸しをしておきましょう。

棚卸しをするときには、頭の中で考えるだけでなく、書き出してみましょう。〝見える化〟することで整理されますし、手を動かしていると、頭が働き、「そういえば、こんなスキルもある」と見逃していたことに気づくものです。

経営資源に関しては、ヒト（人材、人脈）、モノ（製品、設備、店舗など）、カネ（資金）、情報（知的財産、ノウハウなど）の4つを書き出しましょう。

19ページのビジネスモデルの構成要素の図を使って、経営資源だけでなく今の業務プロセスや利益を生む仕組みなどを書き込んでおけば、自社のビジネスモデルが整理できます。すると「自社が提供している価値と提供できていない価値」「改善の余地がある業務プロセス」などがわかり、それが新たなビジネスモデルを考えるヒントになることもあります。

▼「SWOT分析」などを使って、整理する

自社（自分）の強みや弱み、市場環境などを整理するなら「SWOT分析」（次ページ図）もおすすめです。有名な戦略フレームワークの一つであり、ご存じの人は多いでしょう。**「強み（Strength）」「弱み（Weakness）」「機会（Opportunity）」「脅威（Threat）」の4つのマスに、それぞれの要素を書き込んでいきます**。こうすると、会社や会社を取り巻く環境の現状が一目で把握できるようになり、後で振り返るときにも便利です。

SWOT 分析を使って、現状を把握する

	プラス要因	マイナス要因
内部環境 商品力、技術力、生産力、資金力、ブランドなど	**強み（Strength）** 内部環境においてプラスの要因 例：技術力が高い、商品の性能が良い	**弱み（Weakness）** 内部環境においてマイナスの要因 例：資金力に乏しい、ブランド力が弱い
外部環境 社会情勢の変化や市場動向、顧客の価値観の変化など	**機会（Opportunity）** 外部環境においてプラスの要因 例：安全に関するニーズの高まり、市場の成長	**脅威（Threat）** 外部環境においてマイナスの要因 例：規制緩和、少子化

アドバイス

4つのマスに、それぞれの要素を書き込んでいくと、自社や自分の現状が一目で把握できるようになる。ちなみに SWOT とは、4つの要素の頭文字を取ったもの。

満たされていない顧客の潜在ニーズを発見する

POINT 顧客の声を鵜呑みにせず、その奥に隠れている潜在ニーズを見つける

▼顧客は自分の本当のニーズを知らない

自社・自分の現状を把握したら、第2ステップ。「満たされていない顧客の潜在ニーズ」を見つけ出しましょう。とはいうものの、潜在ニーズを見つけることがいかに難しいものか。営業やマーケティングの経験がある人なら痛感していることでしょう。**顧客にヒアリングをしたり、アンケートをとったりしても、潜在ニーズがはっきりと出てくることは、ほぼありません**。顧客は自分自

身の「欲しいもの」が、よくわかっていないからです。

たとえば、ｉＰｏｄが多くの人に支持された理由の一つは、「たくさんの曲を自由に持ち歩ける」「アルバムの曲を1曲ずつ買える」ことですが、発売前から、それを欲しいと具体的に思っていた人はほとんどいないでしょう。「どんな音楽プレーヤーが欲しいですか？」と聞いても、「もっと安く」「音質よく」「もっと軽く」といった回答しか出てこなかったと思われます。

▼顧客の話をもとに仮説をたててぶつける

では、どうすれば、顧客の潜在ニーズを見つけ出せるのでしょうか。

まず、ヒアリングやアンケートなどによって、顧客のニーズを見つけ出すなら、**顧客の話を鵜呑みにするのではなく「それは表面的な話で、本当のニーズは違うところにあるのではないか」と、その奥にあるニーズを推測すること**。

できれば、その仮説を顧客にぶつけてみることが大切です。

たとえば「どんな筆記用具が欲しいか」と顧客にたずねたときに、「小さくて持ち運びやすいペンが欲しい」という答えが返ってきたとしましょう。この顧客のニーズが本当に「小さなペン」かというと、そうとは限りません。もしかすると「移動中にすぐ取り出せるペン」を求めていて、それが「小さい」という表現になった可能性もあります。となると、「ストラップ風のペン」や「手ブレ防止ペン」のほうがよいかもしれません。そんな仮説をぶつければ、「確かにそうだ！」となるかもしれませんし、異なる意見が出てくることもあるでしょう。

自分自身が日頃抱えている不満を考えてみる

一方、**自分の日々の生活を振り返り、不満や願望がないかどうか探してみると、満たされていないニーズが見つかることがあります**。

**「顧客の声を鵜呑みにしてはいけない」
多くの場合、顧客は自身のニーズに
気づいていない。その背景にある
「本当のニーズ」を推測することが大切**

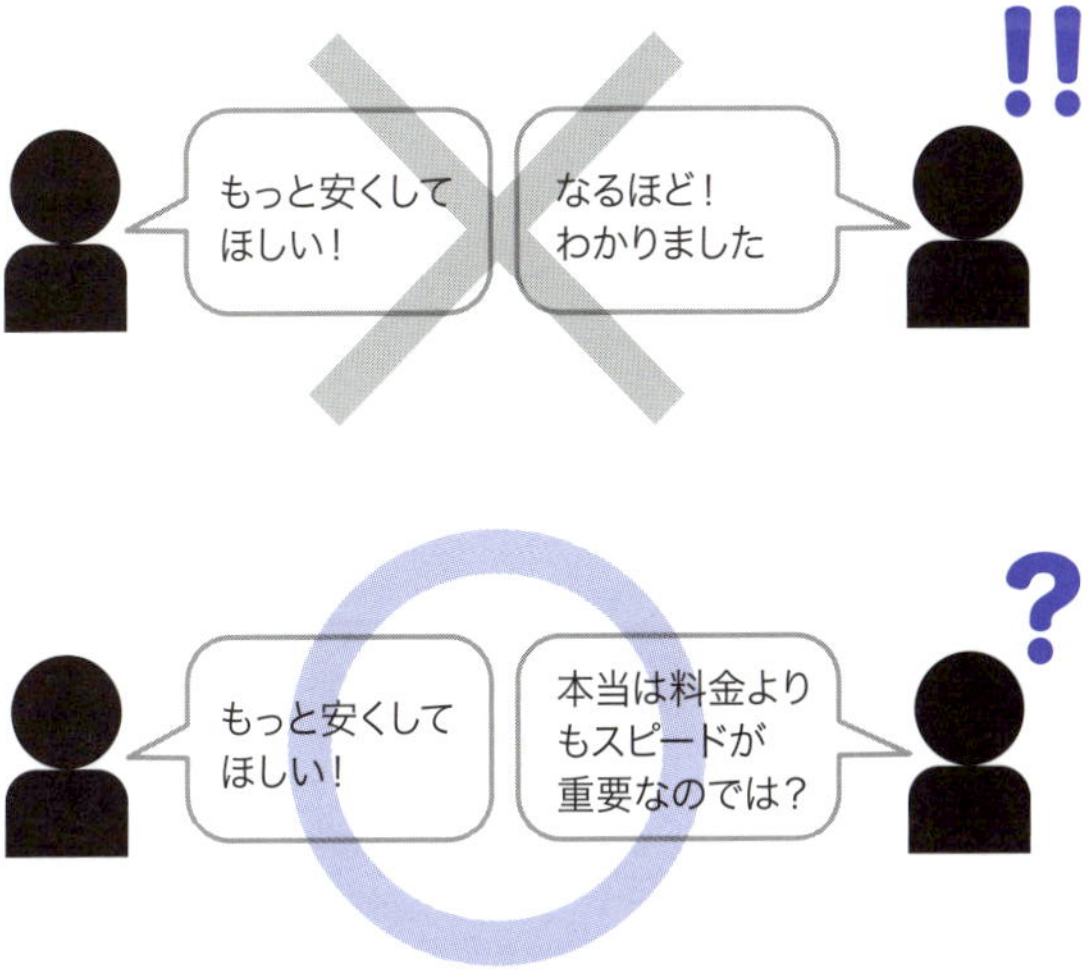
もっと安くしてほしい!
なるほど!わかりました
もっと安くしてほしい!
本当は料金よりもスピードが重要なのでは?

アドバイス

自身が顧客に接する機会を持てない場合、営業部に顧客の声を聞いたり、顧客管理システムをチェックしてリアルな声を拾ったりすると、発想のヒントが得られる。顧客管理システムは、どの企業も利用率が低いようだが、試しにのぞいてみるといい。意外なヒントが得られる場合がある。

忘れがちですが、ビジネスパーソンである私たちはエンドユーザーでもあります。売り手は買い手でもあり、作り手は使い手でもあるのです。自分の業界・仕事からいったん離れ、日頃どんなことを考えているか、見つめ直すと、意外な発想のヒントが得られることでしょう。

画期的なビジネスモデルを考案した先駆者の例を見ても、自分自身の不満からニーズを発見していることは少なくありません。

たとえば、１７０ページで紹介したＱＢハウスのビジネスモデルは、創業者の小西國義氏が「散髪の時間をもっと短くしたい」と考え、誕生したモデルです。

また、90ページで紹介したサウスウエスト航空のＬＣＣは、「飛行機での出張を安く済ませたい」という共同創立者の希望から生まれています。

できるだけたくさんリストアップし、眺めてみると、他の人も抱えているのに解消されていない潜在ニーズが見えてくるかもしれません。

人のニーズはさまざま

安く買いたい	⟷	高くても良いものを買いたい
時間を節約したい	⟷	暇つぶしをしたい
かっこ良く思われたい	⟷	かっこつけていると思われたくない
頭が良い・博学だと思われたい	⟷	勉強ばかりしていると思われたくない
お金持ちだと見られたい	⟷	お金持ちであることを隠したい
ラクをしたい	⟷	将来のために苦労をしたい
最先端のものが欲しい	⟷	古き良き商品を入手したい
もっと小さなもの	⟷	もっと大きなもの
家まで来てほしい	⟷	家には来てほしくない

アドバイス

上に並べたように、人のニーズは多種多様だ。「自分はどんな時に上のような気持ちになるか」を考えてみると、隠れていたニーズが見つかるかもしれない。

潜在ニーズを解決するビジネスモデルを考える

POINT アイデアは新しく生み出すのではなく、既存のものを組み合わせる

アイデアとは既存の要素の新しい組み合わせ以外の何ものでもない

満たされていないニーズを見つけたら、そのニーズを解決できるビジネスモデルを考えます。「一から新しいアイデアを出すのなんてムリ……」と考える人がいますが、その必要はありません。世の中のアイデアは皆、何かを模倣したり、ほんの少し新たな要素を加えたり、既存のアイデア同士を組み合わせたりして、生まれてくるものです。アメリカの広告界の重鎮であるジェームス・

アイデアとは既存の要素の組み合わせ

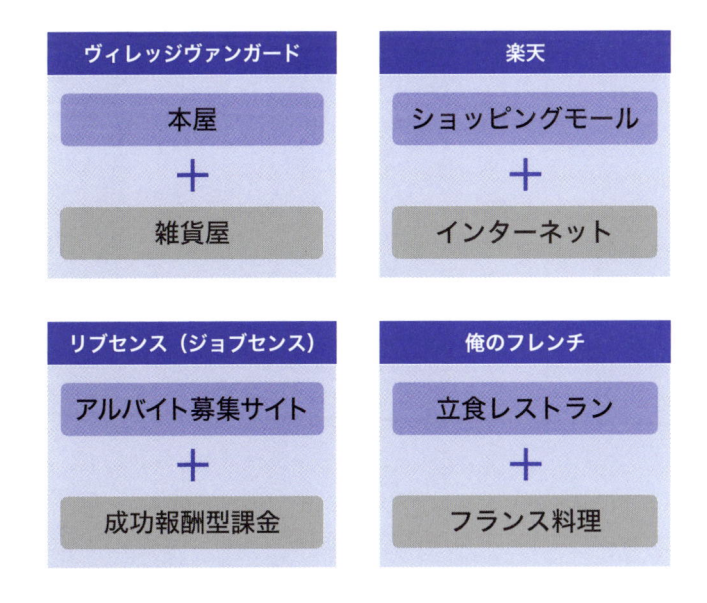

ヴィレッジヴァンガード

本屋
＋
雑貨屋

楽天

ショッピングモール
＋
インターネット

リブセンス（ジョブセンス）

アルバイト募集サイト
＋
成功報酬型課金

俺のフレンチ

立食レストラン
＋
フランス料理

アドバイス

画期的なビジネスのアイデアも、その多くは、誰もが知っている既存のビジネスの要素を組み合わせることで、生まれている。ビジネスの要素を１つずつカードに書いて、机の上で組み合わせてみると、新たなアイデアが生まれるかもしれない。

W・ヤングも、著書『アイデアのつくり方』で、**「アイデアとは既存の要素の新しい組み合わせ以外の何ものでもない」**と述べています。

新たなビジネスモデルに関しても、既存のモデルからヒントを得れば、開発しやすくなるでしょう。同業他社のモデルをマネたら二番煎じになりかねませんが、異業種のビジネスモデルを応用すれば、斬新な仕組みになるはずです。「うちの業界は特殊だから、異業種のモデルの応用なんてムリ」と言う人がいますが、**どの業種の事例も、抽象度をあげて捉え直すと、応用しやすくなります**。たとえば、富山の薬売りを「客先に商品箱を預けて、欲しいときに買う仕組み」と捉え直せば、他の業界で転用できそうに思えてきます。菓子業界に転用すれば、オフィスグリコのようなモデルが生まれるわけです。

第2章のビジネスモデルのパターンは各モデルの抽象度をあげた例ですから、参考にしやすいはず。潜在ニーズの解決のヒントに役立ててください。

眠っている経営資源を活用する

眠っている経営資源を活用することで、解決不可能だと思われていた問題の解決策を見出すというのも、ビジネスモデルを構築する方法の王道です。活用されていなかった分、比較的安価で利用できるので、新規性の高いビジネスモデルを安く構築できます。

たとえば、ヤマト運輸は、１９７６年に宅急便を始めた当初、荷物の集配所を低コストで大量に設置するために、既存の米店や酒店に、集配機能をお願いしました。そもそも客向けの配達を手がけていたので、そのプラットフォームを利用したわけです。これによって、宅急便は広範囲に普及したのです。

メガネの通販サイトであるオーマイグラスは、検眼やメガネの調整をお願いするために、低価格ＳＰＡに客をとられていた町のメガネ店と提携しました。町のメガネ店にとっても、渡りに舟の提案で、現在の提携店舗は全国１２００

店舗に達しています。

また、QBハウスは、独立希望の理容師に仕事場を提供することで、客に10分１０００円のサービスを提供できるようになりました。

活用していなかった社内の資源を使った事例も、少なくありません。

たとえばアマゾンは自社サーバーの運営ノウハウを活用し、クラウドの時間貸しサービスを展開。この部門で１０００億円超を売り上げると言われます。

また、タイムズ24は、１００円パーキング「タイムズ駐車場」の一角を利用して、カーシェアリングの「タイムズカープラス」を始めました。これによって、同じ場所を使って、違う層のお客様も取り込めるようになりました。

ステップ１で棚卸しをした**自社（自分）の経営資源のなかから、利用できるものがないかどうか考えていきましょう**。

眠っている経営資源を活用した企業

俺のフレンチ

立席レストラン。埋もれていた腕利きのフレンチのシェフに店を任せることで、安くておいしい料理を提供。

セブン - イレブン

店主の高齢化が進み、配達業務に苦しんでいた酒屋に業態転換を促すことで、出店費用を抑えて急速に全国展開。

ニコニコレンタカー

売上低下とスタッフ活用の効率化に悩むガソリンスタンドを、レンタカーのフランチャイズ加盟店として活用。

一休 .com

誰も泊まっていないホテルの空室に着目。直前の予約ならば空室に安く泊まれる仕組みをつくりあげる。

アドバイス

上の例のように、活用されずに眠っている経営資源はたくさんある。それらを見つけるポイントの一つは、不振に陥っている業界や企業に目をつけること。人材や設備が余っている可能性は高い。

STEP

04

採算がとれるかどうかシミュレーションする

POINT

最低限のイニシャルコスト、売上高、ランニングコストを算出し、損益分岐点を計算する

▼まずは、最低限の収支計算をしてみる

ビジネスモデルが見えてきたら、実行前に売上やコストなどを試算し、本当に採算がとれるかどうかを検証します。本格的に検証するには損益計算書や資金繰り表などを作成すべきですが、最低限の収支計算をすれば、そのモデルに見込みがあるかどうかわかります。その後に精緻な検証作業をすればよいでしょう。最低限の収支シミュレーションに必要な数字は、左の3つです。

収支シミュレーションに必要な「数字」

開業費用（イニシャルコスト）

開業時にかかる費用。オフィスや店舗の保証金や工事費用、備品や消耗品の調達にかかる費用、広告宣伝費、オープン前に発生するスタッフの給料や水道光熱費など

売上高

商品やサービスの価格 × 予想販売数量。もしくは１日の客数 × 平均客単価 × 営業日数。1カ月単位で試算したほうが、正確な収支を計算できる

運営にかかる費用（ランニングコスト）

「固定費」と「変動費」がある。「固定費」は、家賃や人件費など、商品・サービスの販売に関係なく発生する費用。「変動費」は、材料費や外注費、配送費など、販売に応じて増減する費用

アドバイス

収支シミュレーションをすると、売上高は高く見積もり、イニシャルコストやランニングコストは低く見積もりがちだ。大まかなシミュレーションとはいえ、シビアに見ておきたい。

どれだけ売れば黒字になるかがわかる「損益分岐点」

前述の３つの数字を算出すれば、利益が出るかどうかはざっくりわかりますが、より正確に知るために「損益分岐点」は計算しておきたいところです。

ご存じの人は多いと思いますが、損益分岐点とは、利益と損失がトントンになる売上のこと。言い換えれば、売上と、固定費と変動費を合わせた総費用がイコールになる売上のことです。この金額以上の売上をあげれば、黒字になることを表します。計算式は、次ページに載せたので参考にしてください。

損益分岐点が高いほど、利益を出すのが難しいビジネスモデルといえます。高いかどうかは上場企業や業界別の損益分岐点がネットで検索できるので、それと比べれば判断がつくでしょう。損益分岐点を低くするには、「価格を上げる（ブランド価値を上げる）」「固定費を減らす」「変動費を減らす」のいずれかの方法を採ることが必要です。

**損益分岐点とは、
利益と損失がちょうどゼロになる売上。
この金額以上の売上をあげれば、利益が出る**

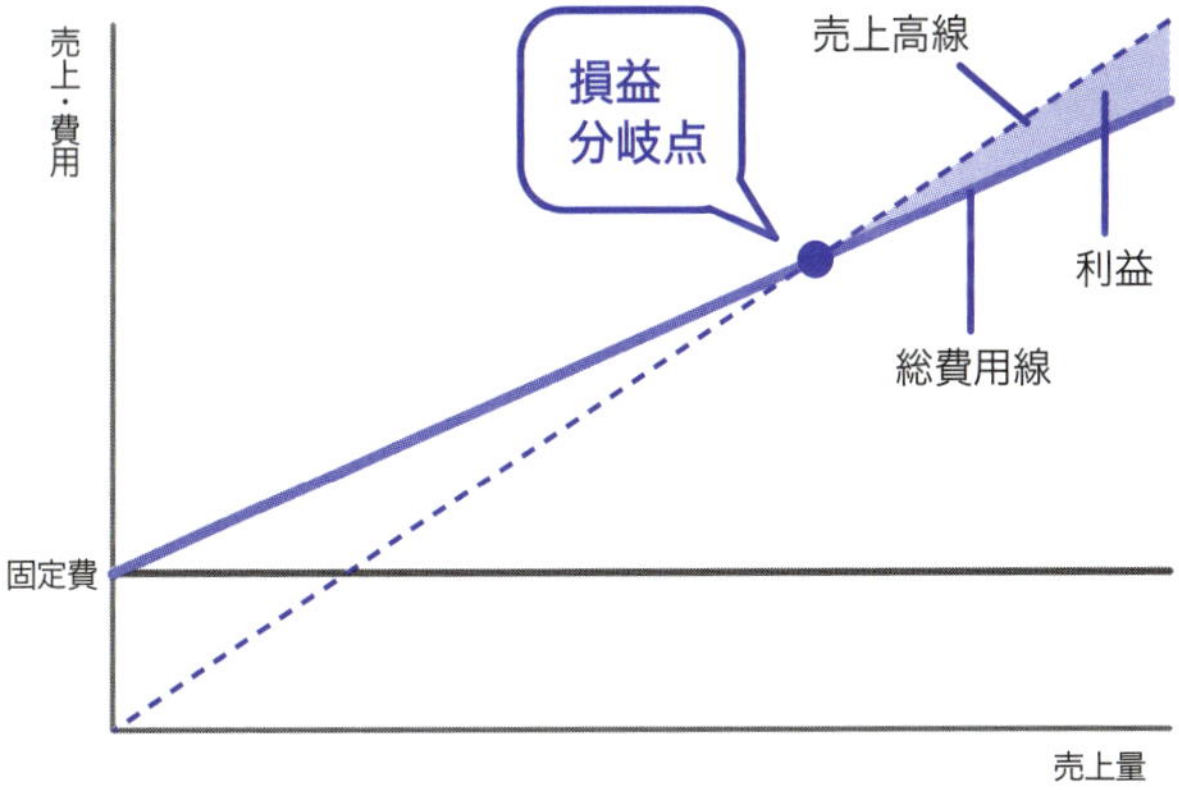

＜計算式＞

損益分岐点＝固定費 ÷ 限界利益率（1- 変動費 / 売上）

例）
1 カ月の売上：500,000 円
固定費：200,000 円
変動費：150,000 円
200,000÷（1-150,000÷500,000）＝285,714 円（損益分岐点）

アドバイス

上の例の固定費を50,000円増やして、250,000円にし、変動費を50,000円減らして100,000円にする。ランニングコストは同じ350,000円だが、損益分岐点は312,500円、と約27,000円も上がる。固定費を減らすことがいかに重要かがわかるだろう。

STEP

05

実行に移す

POINT

最後に必要なのは「勇気」と「志」

▼実現させる人とそうでない人の差は、「やるか、やらないか」

ステップ4でシミュレーションの話をしましたが、実際のところ、どんなビジネスモデルでも、やってみないとわかりません。

ある程度のシミュレーションが済んだら、テストマーケティング。多少見切り発車でも、実行に移したほうがよいでしょう。問題点が出てきたら修正する。

そんな**トライ&エラーの繰り返しが、優れたビジネスモデルを生み出すために**

は不可欠です。

ただ、現実には、「後は実行するだけ」の段階で足踏みしているケースが多いようです。

たとえば、考案したビジネスモデルで起業しようと思っているものの、なかなか事業をスタートできずにいる人。このタイプの人は「失敗して、大きな損失を負いたくない」ため、立ち止まってしまうことが多いようです。しかし**机上の計算だけで、確実に成功できるモデルを生み出すことは不可能**です。

自分では画期的だと思えるビジネスモデルでも、実際には何人もの人が同じことを考えている、とよく言われます。実現させる人とそうでない人の差は何かといえば、やるかやらないかだけなのです。**お試しでもよいので、まずは第一歩を踏み出すことが大切**でしょう。

▼成否を分けるのは「志」

一方、企業内のプロジェクトの場合は、各方面からの抵抗・反対によって、ストップがかかってしまうことがあります。「自分の部署の仕事と、顧客の食い合いになる」「リスクを負いたくない」「余計な仕事が増えるのが嫌」など、反対される理由はさまざまです。

その場合、「従来の組織に迷惑をかけないよう、新会社を設立させてもらう」「キーマンに根回しをする」など、説得の方法はいろいろあります。もっとも、説得できるかどうかは方法では決まりません。決め手となるのは、担当者の「想いの強さ」。もっといえば、「志」です。

「このビジネスをすれば、多くのお客様を喜ばせることができる。なんとか実現させたいのです！」

「このビジネスモデルによって、人々の生活は一変する。挑戦させてもらえませんか？」

そのような**「お客様や社会のためになりたい」という志を本気で抱いていれば、必ず共感する人々が現れます。その共感の輪が大きくなれば、反対派の人たちも、心を動かされる**ことでしょう。

「志」が必要であることは、起業家にとっても同じことです。

郵便局任せだった個人の荷物の宅配を、「儲からないからやらないのは情けない。経営者としてのロマンを追いたい」と、国の規制に挑みながら、過疎地にも翌日宅配をする「宅急便」を実現した小倉昌男。

「世の中にないものを作り出し、世界を変える」夢を抱き続け、マッキントッシュやiPod、iPhoneを生み出したスティーブ・ジョブズ。

新たなビジネスモデルを実現した起業家たちの多くは、「困っている人を助けたい」「社会を良くしたい」「世界を変えたい」といった「志」を持っています。だからこそ、彼らは苦難に立ち向かい続けることができるし、周りには多くの協力者が集まるのでしょう。

そもそも、ステップ2の「顧客のニーズ」も、「多くの人を喜ばせたい」という志がなければ、なかなか見えてこないものです。

「志」といっても、大層なものである必要はありません。

「日々接しているお客様をもっと喜ばせたい」

「困っている人の手助けをしたい」

自分は**どんな想いを持っているのか。その自問自答が、優れたビジネスモデルを構築するための第一歩**なのです。

＜参考文献＞

池本正純『企業家とはなにか－市場経済と企業家機能－』八千代出版、2004年

エイドリアン・J・スライウォツキー、デイビッド・J・モリソン著、恩蔵直人、石塚浩訳『プロフィット・ゾーン経営戦略――真の利益中心型ビジネスへの革新』ダイヤモンド社、1999年

マーク・ジョンソン著、池村千秋訳『ホワイトスペース戦略　ビジネスモデルの＜空白＞をねらえ』阪急コミュニケーションズ、2011年

アレックス・オスターワルダー、イヴ・ピニュール著、小山龍介訳『ビジネスモデル・ジェネレーション　ビジネスモデル設計書』翔泳社、2012年

野中郁次郎、徳岡晃一郎編著『ビジネスモデル・イノベーション』東洋経済新報社、2012年

山田英夫著『なぜ、あの会社は儲かるのか？　ビジネスモデル編』日本経済新聞出版社、2012年

リタ・ギュンター・マグレイス「新規事業研究の第一人者が語る　よいビジネスモデル悪いビジネスモデル」（『DIAMONDハーバード・ビジネス・レビュー』ダイヤモンド社、2011年8月号）

ジョアン・マグレッタ「ビジネスモデルの正しい定義」（『DIAMONDハーバード・ビジネス・レビュー』ダイヤモンド社、2011年8月号）

松田久一編著『成功と失敗の事例に学ぶ　戦略ケースの教科書』かんき出版、2012年

平野敦士カール著『［図解］カール教授と学ぶ　成功企業31社のビジネスモデル超入門！』ディスカヴァー・トゥエンティワン、2012年

クリス・アンダーソン著、小林弘人監修・解説、高橋則明訳『フリー　＜無料＞からお金を生みだす新戦略』NHK出版、2009年

ジョン・ヘーゲルⅢ世著、遠藤真美訳『今こそ見直したいIT戦略』ランダムハウス講談社、2004年

ヘンリー・チェスブロウ編著、PRTM監訳、長尾高弘訳『オープンイノベーション　組織を越えたネットワークが成長を加速する』英治出版、2008年

小倉昌男著『小倉昌男　経営学』日経BP社、1999年

マイケル・デル、キャサリン・フレッドマン著、國領二郎監訳、吉川明希訳『デルの革命』日本経済新聞社、1999年

コグレマサト、まつもとあつし著『LINE　なぜ若者たちは無料通話＆メールに飛びついたのか？』マイナビ、2012年

ジェームス・W・ヤング著、今井茂雄訳、竹内均解説『アイデアのつくり方』阪急コミュニケーションズ、1988年

おわりに～社会の課題解決こそがビジネスモデル

現代の日本は、まさにビジネスモデル再構築の時代です。既存の産業構造は大きく変化を迫られています。

その背後には、本文でも触れてきたように、グローバル化の進展やインターネットの急速度な普及と、人口の高齢化といった経済的・技術的・社会的な構造の変化があります。

環境の大きな変化があれば、ビジネスの在り方も変わらざるを得ません。経営の手法のみならず、ビジネスの中身が変わらざるを得ないのです。

このような時代に「ビジネスモデルの教科書」が出版されるのはまことに時機を得た企画だと思います。しかも、多様な事例を取り上げ、整理してわかりやすく解説しています。

いま勤めている企業で新規事業を考えようとしている人にも、自らベンチャー起業を模索している人にも、まず手に取るべき参考書になっていると思います。

本書のなかで、「いまだ満たされていないニーズ」、そして「いまだ活用されていない資源」の存在に気付くことの重要性に触れています。

この二つは、経済学的には「不均衡」、つまり社会に潜む課題です。

その課題解決こそが、ビジネスモデルの構築である点に思いをいたしていただきたいと思います。

社会に貢献するビジネスだからこそ、利益につながるのだと私は思います。

監修者　専修大学　経営学部教授　池本正純

●監修

池本正純（いけもと・まさずみ）

1946年、広島県生まれ。1969年、一橋大学卒業。1984年より、専修大学経営学部教授。企業家論、ベンチャー経営論、ワーキングライフなどの科目を担当し、専修大学においてキャリアデザインセンターを立ち上げ、そのプログラムとして「ベンチャービジネスコンテスト」を運営。今年で13回目を数える。最終審査はベンチャー経営者たちの前で学生たちがプレゼンを行い、活況なプログラムになっている。主な著書に『企業家とはなにか』（八千代出版）。

●執筆

株式会社カデナクリエイト

（竹内三保子、箱田髙樹、杉山直隆）

ビジネス全般・働き方・ライフスタイルなどを得意とする編集プロダクション。現在『週刊東洋経済』（東洋経済新報社）、『月刊 BIGtomorrow』（青春出版社）、『THE21』（PHP 研究所）、『DiscoverJapan』（枻出版社）などで執筆中。著書に『クイズ商売脳の鍛え方』（PHP 研究所）、『「イベント」で繁盛店！』（同文館出版）など。

図解＆事例で学ぶ ビジネスモデルの教科書

2014年3月20日　初版第1刷発行

著　者　カデナクリエイト
監　修　池本正純
発行者　中川信行
発行所　株式会社マイナビ
〒100-0003 東京都千代田区一ツ橋 1-1-1 パレスサイドビル
TEL 048-485-2383（注文専用ダイヤル）
TEL 03-6267-4477（販売部）
TEL 03-6267-4444（編集部）
Email：pc-books@mynavi.jp
URL：http://book.mynavi.jp

装丁　小島トシノブ
DTP　SeaGrape
印刷・製本　図書印刷株式会社

ISBN978-4-8399-4836-8
Printed in Japan